João do Rio (c.1910).
Foto de autoria desconhecida.

JOÃO DO RIO

·PAULICÉIA·

Coordenação Emir Sader
Conselho editorial Gilberto Maringoni
Ivana Jinkings
Nelson Schapochnik
Vladimir Sacchetta

A imagem de São Paulo se modifica conforme as lentes que utilizamos. O sonhado e o real, o desejado e o rejeitado, o vivido e o simbolizado, o cantado e o pintado, o desvairado e o cotidiano — múltiplas facetas de uma cidade-país — serão retratados nesta coleção. São quatro séries, que buscam montar um painel das infinitas visões paulistas: Retrato (perfis de personalidades que nasceram, viveram ou eternizaram suas obras em São Paulo), Memória (eventos políticos, sociais e culturais que tiveram importância no estado ou na capital), Letras (resgate de obras — sobretudo de ficção — de temática paulista, há muito esgotadas ou nunca publicadas em livro) e Trilhas (histórias dos bairros ou de regiões do estado).

Para tanto, foram selecionados autores, fenômenos e espaços que permitam a nosso olhar atravessar o extenso caleidoscópio humano desta terra e tentar compreender, em sua rica diversidade e em toda sua teia de contradições, os mil tons e subtons da Paulicéia.

NELSON SCHAPOCHNIK
Seleção, apresentação e notas

JOÃO DO RIO
um dândi na Cafelândia

© 2004, da organização, Nelson Schapochnik
© 2004 desta edição, Boitempo Editorial

·PAULICÉIA·

JOÃO DO RIO
um dândi na Cafelândia

Coordenação editorial	Ivana Jinkings
	Aluizio Leite
Assistente editorial	Ana Paula Castellani
Capa	Andrei Polessi
Pesquisa	Nelson Schapochnik
Assistentes de pesquisa	Mariana Setúbal
	Maricilde Oliveira Coelho
	Larissa Oliveira Neves
Revisão	Marina Ruivo
	Sandra Regina de Souza
Diagramação	Antonio Kehl
Produção gráfica	Daniel Tupinambá
Fotolitos	OESP
Impressão	Alaúde

ISBN 85-7559-029-4

Esta edição contou com o apoio da Nova Mercante de Papéis Ltda.
Nenhuma parte deste livro pode ser utilizada ou reproduzida
sem a expressa autorização da editora.

1ª edição: julho de 2004

Todos os direitos reservados à:
BOITEMPO EDITORIAL
Jinkings Editores Associados Ltda.
Rua Euclides de Andrade, 27
Perdizes 05030-030 São Paulo SP
tel./fax 11 3872-6869 3875-7250
e-mail editora@boitempo.com
site www.boitempo.com

Sumário

Nota do organizador 9

Apresentação: Entre a celebração e a desfaçatez 11

Coluna Cinematographo 1 (16/02/1908) 19

Coluna Cinematographo 2 (04/10/1908) 25

Coluna Cinematographo 3 (30/10/1910) 29

Como imagino o Municipal amanhã (11/09/1911) 35

Em São Paulo (14/09/1911) 41

Em trem de luxo (17/09/1911) 47

Impressões de São Paulo/ A Força Pública (18/09/1911) 57

O Serviço Florestal de São Paulo (10/10/1911) 65

Oração à mocidade (17/07/1915) 73

Hora de arte (03/10/1915) 81

No Automóvel *Club* (11/11/1915) 85

Música e danças brasileiras (14/11/1915) 91

Um gesto para a história (20/11/1915) 99

Impressões de São Paulo/ O que eu vi.
O que é (26/11/1915) 107

Um programa (08/01/1916) 113

Os voluntários de manobras (07/09/1916) 121

O exemplo (09/09/1916) 127

Freitas Valle, o Magnífico -
mestre e senhor! (06/10/1916) 135

O exemplo de São Paulo/ A propósito da exposição
do sr. Cardoso de Almeida (30/10/1916) 143

São Paulo, estação de verão (02/01/1917) 151

Altino Arantes – Em São Paulo (28/01/1921) 155

Dr. Cardoso de Almeida – Em São Paulo (14/03/1921) 159

Sr. Washington Luís – Em São Paulo (21/03/1921) 163

Ao senador Alfredo Ellis (23/03/1921) 167

Cardoso de Almeida – Em São Paulo (28/03/1921) 173

Dr. Washington Luís – Em São Paulo (20/06/1921) 177

Notas 181

Bibliografia 225

Crédito dos textos 229

Crédito das imagens 230

Nota do organizador

Este volume dá continuidade ao projeto adotado na série Letras, da coleção Paulicéia, de reunir textos esparsos ou de reeditar obras há muito esgotadas que abordem temáticas paulistas, mas que despertam interesse geral. *João do Rio: um dândi na Cafelândia* é uma coletânea composta de 26 crônicas e conferências originalmente publicadas em jornais e revistas no período de 1908 a 1921. Embora alguns poucos textos tenham sido republicados nos livros de João do Rio, a grande maioria permaneceu encerrada nos fólios a repousar nas estantes de bibliotecas.

O esforço para dar visibilidade a este conjunto de textos de difícil acesso aos leitores é tributário das pesquisas empreendidas por outros estudiosos, entre eles Raimundo Magalhães Jr., João Carlos Rodrigues, Raúl Antelo, Orna Messer-Levin e Renato Cordeiro Gomes. Particularmente, o *Catálogo Bibliográfico* preparado por João Carlos Rodrigues forneceu preciosas referências para a preparação deste volume. Lamentavelmente, não foi possível incorporar o texto sobre o poeta e jornalista Adolfo Araújo (Coluna Cinematógrafo, *Gazeta de Notícias*, 30/10/1910) pelo mau estado do impresso. As conferências "A delícia de mentir" (*Psicologia urbana*, 1911), "Elogio dos perfumes" (*Sésamo*, 1917) e "A Itália de hoje diante da Porta Pia"

(1919), apresentadas em São Paulo em ocasiões distintas, também foram descartadas desta reunião, pois além de não remeterem à temática do livro já haviam sido apresentadas em outros contextos. Do ponto de vista editorial, os textos foram submetidos a uma cuidadosa atualização ortográfica e a pontuação foi mantida como no original. Adotou-se uma padronização no emprego de maiúsculas, preservou-se a grafia de alguns estrangeirismos, que são marca do uso lingüístico da época, e foram corrigidos os erros de transcrição, revisão e impressão do original, sendo indicados no corpo das notas as alterações realizadas.

Na elaboração das notas, empregou-se como critério a elucidação das referências históricas indicadas nos textos de João do Rio, bem como aquelas dúvidas que remetem ao léxico.

Sobre a primeira série de problemas, procurou-se desvendar a toponímia, as instituições e estabelecimentos mencionados, a contextualização histórica dos eventos e processos citados, personagens ficcionais e mitológicos empregados pelo autor, assim como as biografias de políticos, escritores e outros protagonistas das crônicas. Embora muitas vezes longas e espero que não triviais, estas biografias privilegiaram informações que possibilitam a compreensão do capital simbólico dos personagens e sua trajetória política, econômica e cultural. Já na segunda, foram arroladas as traduções de expressões estrangeiras e dos excertos de poemas citadas no texto.

Apesar do silente apoio da bibliografia arrolada como também da efusiva contribuição dos amigos Antônio Dimas, José Leonardo do Nascimento, Orna Messer-Levin, Paulo César Garcez Marins, Sílvio Barini Figueira Pinto, Tânia Regina de Luca e Vladimir Sacchetta que me emprestaram livros, forneceram referências, esclarecimentos e imagens, não foi possível elucidar algumas passagens, personagens ou expressões presentes nos textos. Neste caso, também silenciei.

Deixo registrados os meus agradecimentos aos funcionários da Biblioteca Nacional (RJ), do Arquivo Edgard Leuenroth (Unicamp), do Arquivo do Estado de São Paulo, do Instituto de Estudos Brasileiros (USP), da Biblioteca Municipal Mário de Andrade (SP) e do Museu da Polícia Militar (SP).

Entre a celebração e a desfaçatez

João do Rio. Charge de Bluff (Alfredo Storni),
publicada na revista *Careta*.

*E não imaginas a imensa saudade daí, dessas noites de frio e de
palestra, de camaradagem da Americana, do nosso querido Morse.
Uma das coisas sinceras em mim é o amor que tenho a São Paulo.*
Correspondência de JR para Mário Guastini (s/d.)[1]

*Cava-se o pão, a roupa, o teto, o lume
E até, no crânio, a fórmula escondida
De um prazer, de um desejo ou de um queixume.*

*És, enxada, o estalão, és a medida
De comprimento, de área de volume,
Na geométrica prática da vida.*
"Cavar", Bastos Tigre[2]

João Paulo Alberto Coelho Barreto, dito João do Rio, foi um dos mais
inquietos e notáveis escritores da *Belle Époque* carioca. Volátil e ver-
sátil, ele experimentou um multifário conjunto de textos que incluíam
a reportagem, a entrevista, a crônica, a conferência, a dramaturgia, o
romance e o conto, publicando-os nos mais distintos órgãos da imprensa, como os jornais *A Cidade do Rio, Gazeta de Notícias, A No-
tícia, O Paiz, A Rua, A Noite, A Pátria* e também nas revistas *Kosmos*
e *Renascença*. Denominando-se João do Rio ou ainda invocando as
suas diversas personas (Joe, Paulo José, Simeão, Claude, José Antonio José), ele acompanhou as transformações mais significativas que
foram compondo a "fisionomia cinemática" do Rio de Janeiro.

Atento aos registros mais díspares, ele afirmava sua preferência
por abordar eventos e fenômenos que gravitavam em torno de dois
pólos: os "encantadores" e a "canalha". A fixação nestes extremos se

---

[1] Apud Mário Guastini, "João do Rio", *Tempos idos e vividos* (São Paulo, Ed.
Universitária, s/d.), p. 9.

[2] Bastos Tigre, "Cavar". *Antologia poética* v. 2 (Rio de Janeiro, Francisco
Alves/INL, 1982), p. 387.

juntava à crença de que embora fossem culturas de margens distintas, eles são "imprevistos e se parecem pela coragem dos recursos e a ausência de escrúpulos"[3].

Valendo-se de seu alter-ego, o personagem Godofredo de Alencar, apresentado em *A profissão de Jacques Pedreira* (1911) como "homem de letras que se dá com políticos de importância (...) troçava de todos, elogiava a todos e principalmente o fraco de cada um"[4], ele justificava o olhar seletivo nos seguintes termos:

> Nas sociedades organizadas, há uma classe realmente sem interesse: a média, a que está respeitando o código e trapaceando, gritando pelos seus direitos, protestando contra os impostos, a carestia da vida, os desperdícios de dinheiros públicos e tendo medo aos ladrões. Não haveria forças que me fizessem prestar atenção a um homem que tem ordenado, almoça e janta a hora fixa, fala mal da vizinhança, lê os jornais da oposição e protesta contra tudo.[5]

Decerto, aquele movimento pendular também repercutia na composição do repertório temático. Assim temos, ora um mergulho no universo frívolo e luxuriante da vida mundana, edulcorado com neologismos que corroboravam o traço arrivista de esnobes e especuladores; ora a abordagem da tragédia dos deserdados da modernização da Capital federal, uma seqüência de retratos dos trabalhadores de perfil diverso e dos párias, cujo comportamento oscilava entre a honestidade respeitosa, mas degradante, e a revolta contra a desumanização. As afinidades do cronista com cada um destes protagonistas ilustram de forma muito significativa a dualidade do "jornalista adandinado" e do "radical de ocasião" delineada por Antonio Candido[6].

Mas o escritor que trazia no seu pseudônimo um elo de pertença com a cidade natal também circulou por outras paragens, estabeleceu laços de amizade, vínculos afetivos e não raro, soube ajustar o

---

[3] João do Rio, *Chronicas e frases de Godofredo de Alencar* (Rio de Janeiro, Villas-Boas, 1919), p. 114.

[4] João do Rio, *A profissão de Jacques Pedreira* (São Paulo, Scipione/Instituto Moreira Sales, 1992, 2ª ed.), p. 4 e 18.

[5] Idem. *Chronicas e frases de Godofredo de Alencar*, p. 113-4.

[6] Antonio Candido, "Radicais de ocasião". *Teresina etc.* (Rio de Janeiro, Paz e Terra, 1980).

ócio e o negócio. De acordo com os dados apresentados pelos seus biógrafos, cotejados com as crônicas aqui reunidas, João do Rio esteve algumas vezes na cidade de São Paulo, sempre envolvido com compromissos profissionais. Ressalte-se também que durante os anos 1910 ele foi colaborador do *Commércio de São Paulo* e, de maneira mais episódica, do *Correio Paulistano*[7].

Na sua primeira passagem pela cidade, onde afirmou ter permanecido "três ou quatro dias" em data incerta, ele reteve a imagem do ritmo frenético e da fisionomia européia do "povo" paulistano.

Em outubro de 1910, viajou à capital paulista pela segunda vez para proferir a conferência "A delícia de mentir", no Teatro Santana, em benefício do Centro Acadêmico XI de Agosto, da Faculdade de Direito. Sua brevíssima passagem pela cidade foi alvo de comentários de Alice Dubois, colunista social d'*O Commércio de São Paulo*, que o descreveu como "um tipo *chic*, elegantíssimo e fino. Sem tolas preocupações com a moda, veste-se tão bem como o mais *smart* freqüentador do Piccadilly (...) *causer* admirável, ilustrado, cheio de verve"[8]. Depois de cumprir alguns encontros protocolares, retornou ao Rio na mesma noite, beneficiando-se da inauguração do serviço ferroviário sem baldeações.

No ano seguinte, esteve novamente na Paulicéia, durante o mês de setembro, com uma agenda lotada de compromissos. Dentre eles, recepções mundanas como a acolhida no Automóvel *Club*, o mais exclusivo espaço de sociabilidade da cidade, encontros com os representantes do Congresso Paulista e com os medalhões do Partido Republicano Paulista que pontificavam a cena política da República Velha, e em meio a deambulações pela cidade, visitas ao Quartel da Força Pública e ao Horto Florestal.

Aos 12 de julho de 1915, João do Rio regressou a São Paulo para uma intensa programação. Mais uma vez, ele voltaria à Faculdade de Direito para proferir aos alunos a conferência "Oração à mocidade", uma peça retórica destinada a despertar a mobilização política dos estudantes, concebidos como portadores de virtudes da regeneração

---

[7] A colaboração de João do Rio na imprensa paulistana será objeto de um outro volume da Série Letras, da Coleção Paulicéia.

[8] Apud João Carlos Rodrigues, *João do Rio: uma biografia* (Rio de Janeiro, Topbooks, 1996), p. 119.

nacional e que, de certa forma, preparava a vinda do poeta Olavo Bilac, expressão maior da Liga de Defesa Nacional. Durante a noitinha, João do Rio leu a conferência "Elogio dos perfumes", em benefício dos alunos do Conservatório Dramático e Musical. No dia seguinte, estreava sua comédia *Eva*, no Cassino Antártica, com atuação de Aura Abranches e de Alexandre Azevedo. Chamado à cena, ele foi vivamente aplaudido e recebeu entusiásticos elogios da crítica[9].

Ainda em novembro de 1915, ele retornou para uma breve temporada marcada por eventos políticos e culturais. O clima era de expectativa e apreensão, pois a indicação de Altino Arantes para suceder o então presidente do Estado de São Paulo Rodrigues Alves havia suscitado uma dissidência no Partido Republicano Paulista. João do Rio foi mais uma vez recepcionado com um almoço no Automóvel Club, onde teve a oportunidade de cumprimentar de passagem o então prefeito Washington Luís, e vaticinar "certa esperança de vê-lo ocupar cargos de muito maior responsabilidade no Estado e na União". Nesta ocasião, ele assistiu à estréia dos dançarinos Duque e Gaby no Teatro Municipal e ainda cobriu a parada cívico-militar da Proclamação da República nas dependências do Hipódromo da Mooca.

No ano seguinte, ele esteve duas vezes na cidade. A primeira delas, ocorrida no primeiro trimestre, tinha por objetivo realizar uma entrevista com o ex-presidente da República Rodrigues Alves, no Palácio dos Campos Elíseos, que naquele momento ocupava pela segunda vez a presidência do Estado de São Paulo. A matéria foi editada no mês de abril na *Revista Atlântida*, publicação luso-brasileira dirigida pelo poeta João de Barros. Na última temporada, datada de setembro, João do Rio constatou os efeitos da campanha em prol do alistamento militar, inspecionou quartéis, assistiu comovido às comemorações do Sete de Setembro, bem como renovou sua fidelidade

---

[9] Para *O Estado de S. Paulo*, "uma charge causticante a esse refinamento social, por vezes ridículo, que invade e obceca as camadas altas da sociedade". Já o *Diário de São Paulo* expressava que apesar de bem dialogada e com uma trama bem distribuída, o enredo "é criação de outras sociedades, é um snobismo moral que ainda não possuímos como produto nosso". E nas páginas de *O Pirralho*, o acadêmico Oswald de Andrade também tecia elogios à "inteligente intriga de João do Rio". Apud, Raimundo Magalhães Jr., *A vida vertiginosa de João do Rio* (Rio de Janeiro/Brasília, Civilização Brasileira/INL, 1978), p. 231-5.

às lideranças do Partido Republicano Paulista por meio de visitas protocolares ao Congresso Paulista.

Os últimos rastros do cronista pela cidade de São Paulo datam de 1919. Nesta oportunidade, ele participou das comemorações do XX de Setembro, organizada pelos associados do Circolo Italiano e realizada nas dependências do Teatro Municipal, com a conferência "A Itália de agora diante da Porta Pia", um texto eivado de sentimento patriótico e de apelos a favor da reconstrução nacional.

Estes deslocamentos e permanências resultaram num pequeno *corpus* textual composto por 26 crônicas e conferências publicadas majoritariamente na imprensa carioca, no qual João do Rio explorou com mais afinco as peculiaridades da cena paulistana e dos seus habitantes. A reunião destes textos possibilita que os leitores contemporâneos compreendam uma dimensão menos conhecida do escritor, isto é, a do jornalista militante e artífice das representações triunfantes da modernização paulistana.

Apelando para nobilíssimas tradições produzidas nos "lugares de memória" como o mito fundador do bandeirante, retemperado pelo argumento elogioso e eugênico da presença do imigrante e, ainda, fazendo tábula rasa da presença africana e da mestiçagem, João do Rio parece acreditar nas potencialidades da urbe como um grande laboratório para experimentações econômicas e políticas inauguradoras de um novo tempo. Os textos estão repletos de figuras que remetem à disciplina, higiene, trabalho, progresso e racionalidade, que são facilmente identificáveis como dispositivos do programa de invenção de uma paulistanidade e coesão nacional. Além da emulação das lideranças políticas do Partido Republicano Paulista, considerado esteio da ordem e, curiosamente, tomado como contraponto à ação predatória de coronéis e caudilhos, os textos sublinham o papel da instituição escolar e da formação militar obtida nos quartéis e no escotismo para o adestramento de corpos e mentes cuja apoteose correspondia aos espetáculos de massa como os desfiles e as paradas cívicas.

No entanto, as projeções grandiosas e celebrativas, bem como as palavras enaltecedoras, devem ser lidas com cuidado, uma vez que apesar da sua crença nas virtudes da imprensa na conformação de uma pedagogia pública, paira sobre o autor a pecha da venalidade. Em que pese suas declarações de amor pela cidade, as suas relações perigosas com alguns políticos colocam estes textos sob suspeita, quando não possibilitam vislumbrá-lo como um escritor a serviço do "partido da ordem". Apesar dos esforços do amigo e jornalista paulista Mário Guastini em desvencilhar a imagem de João do Rio como "pensionista dos cofres públicos", parece inequívoco que a pujança econômica da Cafelândia também alimentava o desejo de reverter os constrangimentos da pena de viver da própria pena. Daí, revelar ao amigo, numa carta de 1919:

> Estão editados (com vários erros tipográficos), os dois volumes das minhas coisas da guerra. Mando-te a notícia junto. E os volumes seguem também. Aquela brincadeira do ano passado deu 4 volumes de 300 páginas cada um. Quer dizer que o seu amigo escreveu, na Europa, 1200 páginas. Está claro que tantas páginas me deram três banquetes. (...) Quanto a dinheiro, porém, faz no dia 12 cinco meses que estou no Rio e não ganhei um real. Mas nem um só. À vista disso, escrevo ao mesmo tempo ao Puglisi e ao Pichetti a indagar com quantos exemplares ficaram a Câmara (*de Comércio Ítalo-Brasileira*) e o Círculo (*Italiano*). Qual a tua opinião? Creio que morro de fome na Avenida, cheio de condecorações, de gloríolas e... de banquetes. Episódios literários do Brasil do século XX. Enfim, vou vender as casas hipotecadas ao Martineli para prolongar a vida...[10]

Seja qual for o sentimento que João do Rio nutria pela Paulicéia, parece importante destacar o seu papel na invenção de uma visão positiva e distintiva da identidade paulistana que ainda parece agradar a muitos dos seus habitantes. A leitura dos textos aqui reunidos proporcionará argumentos surpreendentes e não há apresentação que suplante tal prazer.

Nelson Schapochnik
Casa Verde, maio de 2004

---

[10] Apud Mário Guastini, op. cit., p. 10.

Coluna Cinematographo 1

Rivais? Vai grande a azáfama de melhoramento na capital de S. Paulo, tendo por fim meter o Rio de Janeiro num chinelo... (*Reportagem popular*).

Antonio Prado: — A minha Paulicéia, meu caro Passos, vai passar por tão grandes transformações que passará a perna à tua Carioca...

Passos: — Quê?! Ao Rio de Janeiro, com sua Avenida Beira-Mar, o seu Botafogo, a sua Copacabana, o seu Corcovado, a sua Tijuca, as suas ilhas?!... Qual!... Não duvido que S.Paulo fique na pontíssima em aspecto moderníssimo; mas chegar ao Rio!... isso mais devagar!

Antonio Prado: — Pois você vai ver, *seu* Passos. A cidade carioca já está um tanto passada, ao passo que, passando os projetos paulistas, você passará a ver com quantos paus se faz uma canoa...

Passos: — Passarei... passarei... Mas, passada a impressão da fita, passaremos todos a reconhecer que S. Paulo e Rio de Janeiro podem passar muito bem com suas belezas próprias, como amigas dos passos do progresso e não como rivais que passam rasteiras uma à outra...

Charge de Storni, publicada na revista *O Malho*.

"Quarta"

Leio nos jornais o anúncio da inauguração da bitola até São Paulo. Não há mais baldeações! Este trabalho agora concluído é devido ao estudo no preparo do Dr. Osório de Almeida[1], na sua brilhante administração da Central. O ministério Calmon[2] tem enfrentado a glória de terminá-lo e inaugurá-lo.

A viagem em bitola estreita era apenas de duas horas ultimamente. Vindo de São Paulo, às 9 horas já se passavam para os vagões leitos, aliás detestáveis da Central. Mas agora sem baldeação a viagem faz-se mais descansadamente.

Ir a São Paulo para o carioca devia ser um dever – para o carioca e para o fluminense, porque o Estado do Rio está positivamente a gente que precisa de exemplos de uma forte individualidade. Quanto ao carioca, bastante imaginoso para julgar toda a vida do Brasil apenas entre o Largo do Machado e o Largo do Paço, São Paulo será um corretivo porque o carioca verá que o que nós fizemos há dois anos, os paulistas tinham feito há seis ou sete, e que passando por São Paulo tem-se a impressão de uma cidade européia, individual, característica, com alma própria e capaz de nos ensinar ainda uma porção

de coisas desde a distribuição de jornais até a arte de saber viver –
porque em todo o Brasil só essa amada cidade tem gente que sabe
viver realmente. Oh! São Paulo! Santos com seu movimento comercial, as suas ruas, a sua população lembra o Rio de Janeiro, um pedaço do Rio de Janeiro laborioso com arrabaldes lindos como o do Rio.
Campinas tem do Rio e tem de São Paulo, mas São Paulo é aristocrático, é fino, é intelectual. Os estudantes a São Paulo emprestam o
triunfo da alegria moça, dando às confeitarias e aos *bonds*[3] a nota da
Academia que lá é como a mola da Universidade – pois nós temos
aqui pelo menos uma dúzia de academias entre oficiais e livres e não
com esse cunho interessante. A gente do comércio e dos bancos italianos, *yankees*[4], alemães, ingleses, espanhóis dão o elemento internacional das grandes cidades modernas. O povo é o povo de São
Paulo – inconfundível em todo o Brasil, os velhos guardando aquela
nobre franqueza dos antigos fazendeiros, os moços finos, nervosos,
inteligentes, com o espírito latino avivado pelos italianos e uma ha-
bilidade de negócios americana.

Eu amo São Paulo. Dizem os meus amigos que eu tenho a doença
de São Paulo. Não sou eu só. Toda a gente que vê e observa tem a
mesma doçura doente dessa São Paulo que não veio pedir licença
ao Rio para fazer a higiene, uma cidade moderna, uma vida européia e até regularizar, moralizar, limpar as vistas do público o que
o Dr. Alfredo Pinto[5] não conseguiu ainda aqui, após ano e tanto
de lutas.

E o orgulho de São Paulo parece mesmo de não pedir lições ao
Rio em coisa nenhuma. Nem mesmo na feitura dos jornais.

Hei de lembrar sempre três ou quatro dias passados na capital
paulista. Os nossos jornais começam a ser feitos desde manhã. Às 10
horas há um redator ouvindo reclamações.

Em São Paulo eles começam a ser feitos às 10 da noite. Os
repórteres de polícia escrevem com toda a calma notícias às duas
horas da manhã, e recordo-me ainda que tendo ido, após uma
conferência, passear com Cardim[6], após ter dividido os originais
entre a amabilidade do Barjona[7] e o carinho do Morse[8], entrei no
Paulistano[9] às três da manhã, e encontrei o mesmo Morse, essa
figura incomparável de simpatia e de bondade, escrevendo calma-
mente uma nota política.

— E as provas?

— Oh! filho. É impossível lê-las. Foram agora para a composição.

Noutro dia o jornal saía sem atraso, o que seria impossível aqui – pois já à 1 da madrugada o paginador nos impôs a noção de que estamos no outro dia.

Não há mais baldeações para ir a São Paulo. Por que os cariocas não vão ver no Brasil um hotel de verdade, servido por garçons que são garçons, uma vida noturna que não cessa nunca, a elegância, a distinção, a aristocracia da cidade que Sarah chamou num momento de intuição: a capital artística do Brasil?[10]

Joe

Coluna cinematographo 2

Pavilhão de São Paulo na Exposição
Nacional de 1908. Cartão-postal.
Foto de autoria desconhecida.

"Segunda"

No automóvel que me conduzia ao pavilhão de São Paulo[1], um amigo paulista ia dizendo:

— Vê tu a força de São Paulo. O dia da festa inaugural agitou toda a cidade. Só houve animação igual no dia da abertura do certame, animação com o mesmo fito já se vê. Disseste que São Paulo é o Civilizador. E é. O Brasil acolhe-o assim. Olha como vão cheios os *bonds*. Já estive na Exposição hoje. É difícil o trânsito.

Quando na reta do cais da Saudade, apareceu ao fundo o esplendor solar da Cidade Maravilhosa, compreendi que o meu amigo não exagerava. Era um formigueiro humano a entrar na brasa em chama do certame. E toda a gente vibrava por São Paulo. Ia ver São Paulo. Ia admirar o seu pavilhão. Foi com grande custo que eu consegui entrar no templo branco em que os frutos despejados da cornucópia da abundância eram os únicos pontos externos de luz. A multidão na atmosfera de luar das lâmpadas de mercúrio enchia totalmente o pavilhão. Mas era a multidão elegante, o mundo escolhido. São Paulo que sabe progredir, sabe fazer as suas festas, com um sentimento de distinção inato. Tudo aquilo num ambiente de sonho parecia regulado por tantas disputas e protetoras.

Eu chegava, precisamente para ouvir o discurso do Dr. Cândido Rodrigues, o espírito superior, que tão bem encarna as qualidades fundamentais da alma paulista. Era um discurso entusiasta e juvenil. Discretamente São Paulo aparecia aí, mas o patriotismo consciente palpitava em cada período como se fosse o discurso escrito por alguém que tivesse vinte anos, muito pensar e muito estudo. Ao meu lado o paulista amigo dizia:

— É uma plataforma política traçada com uma clareza admirável.

Eu não o atendia. O estadista ilustre dizia:

"Os esforços conjugados da União e dos Estados estão produzindo maravilhosos resultados que diariamente presenciamos com legítimo orgulho e que se refletem na portentosa Exposição, alvorada da emancipação econômica que da noite para o dia surgiu, como ao toque de uma vara mágica neste formoso pedaço de paraíso, adornada pela própria mão de Deus!

E aqui estamos Sr. Presidente da República, nós os Estados da Federação Brasileira, afirmando-vos quanto podem e quanto valem a energia e patriotismo de um povo que trabalha no regaço suave da Paz!"

Sim! Para todos nós, a Exposição foi isso. O discurso do Dr. Cândido Rodrigues era em síntese um discurso de indicações de um grande patriota. Havia na sua frase a sinceridade na idéia e o desejo do grande progresso geral.

E assim, essa festa deliciosamente mundana, em que tudo era distinto e refinado, tinha a nota ponderada e grave cujo passado de dedicação política, faz ser ouvido sempre com acatamento pelo que fez e pelo que fará.

Joe

Coluna cinematographo 3

Jardim da Luz. Cartão-postal.
Foto de Guilherme Gaensly.

Domingo

Nove horas da manhã. São Paulo. O jardim da Luz[1]. Aquele ar burnido, limpo, asseado, de cidade que não é brasileira. Temperatura de inverno, dia sombrio. Passam carros e automóveis. Antes de seguir para o hotel, quero um pouco retomar esse ar de São Paulo, de que gosto tanto, São Paulo visto pela primeira vez numa angustiosa tarde boêmia com Carlos Silva, visto depois de volta de uma grave moléstia, e cada vez mais querido e amado.

Alguns cavalheiros paulistas dizem-me de vez em quando:

— Mas você exagera! Você gosta demais de São Paulo?

Por quê? Eu não quero ser nem cabo de esquadra lá, e por conseqüência, o meu sentimento é o mais sincero. Amo São Paulo, porque é a cidade exemplo no Brasil, amo São Paulo, porque fez antes, no Brasil, tudo quanto se devia fazer pela higiene, pela cultura, pelo progresso, pela civilização, amo São Paulo porque tem uma gente orgulhosa, consciente do seu valor, trabalhando, vencendo e impondo-se. Há vários tipos de brasileiros, desde o carioca inconsistente, ao paraense descansado e ao gaúcho guerreiro. Estimo o paulista. Vem dos bandeirantes, dos descobridores internos da América, daqueles que faziam a mais nobre das guerras, caminhando contra a floresta, na ambição das pedras preciosas. E, além de tudo isso, São Paulo tem, como um permanente jato de alegria, os estudantes, bem estudantes, só estudantes bons, generosos, fortes e moços.

Damos um largo passeio. Os costumes de São Paulo são bem diversos dos costumes do Rio, e vendo edifícios, e vendo ruas, vamos dar no Municipal, tão bem colocado no viaduto do Chá, que parece um pouco o Trocadero[2]. Esse Municipal, de São Paulo, devido a Ramos de Azevedo, o ilustre arquiteto, é uma beleza de sobriedade e elegância. Alguns amigos, que me dão a honra de conduzir a minha curiosidade, contam de como, abatendo o lado de uma rua inteira, se fará uma esplêndida avenida, fronteira a uma das fachadas do grande teatro.

São Paulo! Sempre São Paulo. O dia é agradável, a gente é civilizada, há um ar de sóbria elegância em tudo. E é bom estar ali, em meio tão fino, tão agradavelmente.

Segunda

Os estudantes vieram buscar-me. Temo as comoções. Os rapazes vão exagerar, sinto que vão exagerar. Quando o automóvel se aproxima da Faculdade[3], quero ter a ilusão de que eles serão simples e de que poderei dominar um certo bater de coração. Mas o automóvel pára. Aquela juventude de que eu já vou me afastando com infinita mágoa, rompe em palmas. Tenho esperança de que pararão. Continuam. Creio que na minha vida só tive antes daquela uma emoção: a da maior dor da minha vida. Aquela é de alegria. De alegria? Sei lá! É uma enorme emoção, uma indescritível emoção, que sobe do peito, que me toma a garganta, que me cerra os lábios e endurece os músculos da face e me desnorteia. Aquela casa venerável, de onde há um século irradia o gênio e a intelectualidade do Brasil, renasce todos os anos para a juventude, é sempre a fascinante mocidade, mocidade irmã de tudo quanto é bom. Tenho vontade de sair e tenho vontade de ficar. Ao percorrer as salas de cima com o ilustre Dr. Dino Bueno[4] e esse curioso e admirável temperamento de Herculano de Freitas[5], sinto que os deixo falar sem responder senão banalidades crispantes. E, depois, de novo, na onda álacre das glórias de amanhã, numa sala estreita, tenho diante de mim um moço, que leu todas as cousas fúteis escritas pela minha futilidade e que compreendeu – oh! sim!

compreendeu o fim que me animava e anima: esse desejo de força, de energia, de glória, de bondade, de bem generoso que resumo na mocidade. Ah! sim! Deve ser horrível envelhecer, deve ser tremendo sentir desaparecer da alma o ímpeto vitorioso, deve ser muito desagradável ter quarenta e cinco anos...

Wilde[6], no maior livro de ficção contemporâneo, o *Retrato de Dorian Gray*, tem o símbolo da mocidade eterna. Quem envelhece não é Dorian, é o retrato. A criatura continua formosa e nova. E nesse demoníaco símbolo há principalmente a condenação da velhice – porque cada ruga nossa, cada prova da senilidade, é o atestado de mil cousas desagradáveis da vida...

Não. Essa hora foi acalentadora. A mocidade flama, a mocidade inteligência, emprestava-me a ilusão de possuir os dois grandes bens que a formam: inteligência, juventude...

Joe

THEATRO MUNICIPAL

INAUGURAÇÃO

SETEMBRO 1911

Programma Official

SÃO PAULO

TOURNÉE

TITTA RUFFO

Como imagino o Municipal amanhã

Folha de rosto do Programa Oficial
da inauguração do Teatro Municipal
de São Paulo (1911).

O povo paulista inaugura amanhã o seu grande teatro[1]. Os teatros, que ao mesmo tempo sejam grandes e admiráveis, não são muito abundantes no mundo. Ao contrário. Contam-se a dedo, e os que, às vezes, têm uma enorme fama de arte e de tradição, como o *Covent Garden*[2] e o *San Carlos* de Nápoles[3], são coisas apenas dignas de um piedoso respeito ao passado. São Paulo é orgulhoso. Orgulhoso excessivamente. Esse orgulho fundamental na raça lhe tem servido de muito: deu-lhe a convicção da própria força, a consciência da personalidade e a consciência geográfica, o que vem a ser a posse de si mesmo e a posse do terreno onde pisa, fez-lhe no Brasil, enfim, a característica de um país verdadeiramente constituído e de um povo de verdade, quando nós somos, de fato, uma mistura de várias raças ainda muito por caldear...

Por isso São Paulo é bem o Civilizador. É o Civilizador historicamente. O paulista bandeirante ensinou a desbravar o sertão e mostrou o caminho da riqueza e descobriu, através das florestas, os diamantes de Minas e as esmeraldas do Peru. O paulista estadista ensinou o Brasil a ler, foi José Bonifácio[4]. O paulista agricultor realizou a corrente imigratória, muito antes da abolição. O paulista livre pensador fez a propaganda republicana. E eu estou que, realizando a riqueza econômica, tendo por base a agricultura, resolvendo todos os problemas sociais muito antes da União, o paulista foi também do nosso país o primeiro que viajou, e, conseqüentemente, o que ensinou o caminho da Europa ao brasileiro, pouco andarilho outrora.

Daí vem, decerto, esse justo orgulho. Fale-se de instrução ou fale-se de higiene, fale-se de polícia ou de proteção agrícola – eles dão o exemplo. Mais do que o contato da Civilização – um instinto verdadeiramente espantoso fê-lo saber sentir a arte, o imprevisto, o novo e belo. Sarah disse um dia:

– É a capital artística do Brasil!

Nenhum outro artista pôde dizer o contrário. O orgulho só poderia aumentar. O paulista tornou-se o homem que acha natural o seu próprio progresso.

– São Paulo tem realmente aumentado muito.

– Um pouco, responde ele.

– Caramba! Três mil casas por ano, e neste talvez quase o dobro.

– Sim, podia ser mais.

– Não só. Esses prédios, esses palacetes, com arte, com estilo, repousando-nos do carnaval pétreo da Avenida Central...

Mas o paulista não quer admirar-se e não há meio. "*Self-control*"[5] do próprio orgulho...

Com o Teatro Municipal, porém, esse ar desapareceu. Há oito dias só ouço falar no Municipal, nos gastos que o Municipal motiva, no que será a noite de amanhã, enquanto o povo, aquele que certamente não comparecerá senão da rua, pára e admira o belo monumento cuja fachada lateral lembra a principal do *Trocadero*, tal a sua admirável situação.

Com certa facilidade é possível imaginar-se o que será a noite de gala, a maravilha dos vestuários, o ambiente de beleza e de luxo, entre tecidos caros e jóias finas, entre lhamas de ouro e colos cujo encanto se aviva nos tríplices fios de pérolas vivas em chamas de diamante e esmeraldas. Estaremos num dos belos teatros do mundo, um dos primeiros – e só, decerto, para o futuro fará falta o cronista que colija os documentos urbanos desse dia, como o fizeram para o São Carlos de Nápoles...

Mas a mim não me afigurou a sala do Municipal, senão, ao último acorde do Hino Nacional, com todo esse povo forte, ousado, próspero e orgulhoso, de pé senhoras e cavalheiros, autoridades simples e particulares batendo palmas e chamando um nome:

— Ramos de Azevedo![6]

É um preconceito de artista cada vez vivendo sua vida subjetiva na Grécia de Péricles[7], e na Itália do *Quatroccento*[8], em que os fazedores de casa eram supremos artistas venerados. Mas irresistível. A Alemanha moderna e horrível estragou o gosto da Europa em coisas de arquitetura a que Schlegel[9] chamava música gelada. O velho continente nos seus sítios mais belos, como os Campos Elísios[10], está atravancado pelos *caravanserails*[11] germânicos. A América nunca teve tempo de sentir a arquitetura, Nova York lançou a pretensão monstruosa do coça-céus e o Rio era há bem pouco tempo o domínio grandioso dos mestres de obras antigos vendedores de couves...

São Paulo era há trinta anos uma cidade colonial. Mas, como a Veneza dos Doges teve os seus arquitetos, como a divina Florença chamava os grandes artistas para fazer a Nova Grécia, São Paulo teve a sorte de sentir no seu meio o homem tríplice que forma o arquiteto: o cientista, o trabalhador e o artista. Esse homem é Ramos de Azevedo.

Quantos prédios tem construído ele? Mais de mil. Há trinta anos trabalha, há trinta anos aconselha, há trinta anos, acompanhado de um bando grato de trabalhadores, ele plasma o novo São Paulo. Forte, seguro, integral, num labor espantoso de todos os instantes ele se multiplica, anima, entusiasma, dá à cidade o seu estilo. E ao cabo de trinta anos de esforço, ao fim de sessenta anos de vida, cada vez mais moço, mais animado, mais artista, cria, chefe de um bando esforçado, produto do seu entusiasmo como a cristalização de um sonho, o templo admirável do Teatro.

São Paulo devia-lhe a sua feição – porque foi ele, quando não construía, que lhe dava o molde. São Paulo deve-lhe um dos mais lindos teatros do mundo.

Dinheiro? Verbas? Vaidades? Políticos? Deuses potentes? Nem todos os Vanderbilts[12] e todos os Roosevelt[13] do mundo poderiam pensar um outro palácio de Veneza, de Roma, nem um outro Acrópole! A vida seria uma coluna sem capitel se não fosse a criação artística, que é o fim de todas as almas sensíveis e de todos os cérebros com idéias.

São Paulo sabe bem reconhecer os valores individuais.

E por isso eu imagino a noite de amanhã, no Municipal, ao fim do último acorde do hino, como a própria apoteose de São Paulo ao seu ilustre filho, ao grande arquiteto Ramos de Azevedo.

Em São Paulo

Cafezal. Cartão-postal.
Foto de Guilherme Gaensly.

O momento político e os boatos – o que se faz e pensa em São Paulo – um estado civilizador na sua obra patriótica – o povo e os políticos – a sua atitude – a sucessão presidencial.

Ao deixar o Rio, na noite de segunda-feira a agitação do boato político chegara ao máximo. O velho amigo nacional, o boato, retomou positivamente as suas artérias preferidas, os seus becos conhecidos, os seus corredores familiares. Mas o interessante era que, esse boato, como chegara o sr. Rosa e Silva, como chegara o sr. Dantas Barreto, era em torno de inenarrável fantasia da intervenção federal nos Estados[1]. E se falavam de Pernambuco, falavam também muito de uma entrevista do general ministro da Guerra, em que S. Exa. mostrava o desejo de armar com dois mil homens um ponto estratégico de São Paulo...

A eterna futilidade, e eu ia escrever a eterna infantilidade da rua do Ouvidor, tornara dessa palestra fonte de indagações curiosas e assustadoras. Então? Será possível? Imaginam eles? Que pensará São Paulo? E, no *wagon*-leito[2], lendo os jornais da tarde e da noite, caminho de São Paulo, eu também dizia quase:

– Então? Que dirá São Paulo?

São possíveis as dúvidas, quando não se está em meio de gente equilibrada, sensata e civilizada.

Mas pouco depois estava eu em São Paulo.

Sempre que vou a São Paulo, tenho o raro prazer de estar bem. Quantos pontos do vasto Brasil dão-me essa deliciosa sensação? Não é bom indagar. O meu patriotismo é um pouco diverso do patriotismo comum. Sempre imaginei que querer ao seu país não é gritar em vão, considerar tudo quanto é nosso o primeiro do mundo e não fazer nada – patriotismo típico no nosso meio. Ao contrário. Patriotismo é procurar tornar o seu país igual aos mais civilizados, pela cultura do solo e pela cultura do espírito. A primeira vez que fui para São Paulo, no comboio, vi de repente que o terreno até então inculto e feroz se fazia civilizado, cheio de plantações.

– Que é isso? Indaguei do chefe do trem.

– É São Paulo, disse ele simplesmente.

Nunca mais esqueci esse momento breve. A minha leviandade de menino da capital começava a descobrir o Brasil. E de fato. O homem em São Paulo dominou a terra, cultivando-a. Mas não só. Se o paulista antigo, o bandeirante, descobriu o interior do país, se todas as nossas grandes fases históricas são marcadas pelo paulista, o paulista de hoje ensinou ao resto do país toda a civilização, desde a instrução e o policiamento, até a necessidade de viajar e de ter confiança no seu esforço.

– São Paulo é o Civilizador! exclamei um dia.

Foi e é. É cada vez mais. A finura, a correção dos homens, o *chic*[3] especial das senhoras, a sensação permanente de atividade inteligente, o ar de quem sabe estar, que se vê nos homens como nas crianças, tudo indica um afastamento imenso do despojamento americano. Gente, gente de verdade, povo capaz, ativo, forte civilizado.

– Você parece estar bem, acentua um amigo.

– Neste país estou sempre bem.

E o substantivo país sai-me como a verdade espontânea e irreprimível.

• • • • •

Que pensa São Paulo do que o boato possa inventar então? Devo dizer que a grande massa, o povo, não pensa absolutamente nada, porque é bastante inteligente para perder tempo com disparates. Esta cidade é uma das raras do Brasil em que todos trabalham, procuram prosperar, fazendo prosperar o país e onde não se fala política em cada canto.

Não se fala, porque é inútil.

Nas rodas políticas a gravidade, a sisudez e a ponderação impedem mesmo a hipótese de uma pergunta leviana. Ninguém ignora com quanto entrou São Paulo para a receita do Brasil. Ninguém ignora o seu contínuo e extraordinário progresso industrial e comercial. Esses atrativos não podem ser realizados por ventoinhas nem por cavalheiros sem circunspecção. É uma obra formidável e contínua da administração, de sã política, em que os valores de cada um são reconhecidos sem temores. Não é só o equilíbrio do Estado em que eles pensam. É no equilíbrio do país, na estabilidade das instituições, na paz interna, na impressão externa.

Quando se feriu a batalha das candidaturas presidenciais, a votação foi um exemplo de lisura, mas subindo o candidato que a maioria de São Paulo não votou, o governo do Estado logo o honrou e o respeitou como o presidente eleito e empossado – por amor da ordem e da paz. As provas de deferência política foram sempre as mesmas e ninguém esquece, quando do levante dos marinheiros, o telegrama de apoio ao governo constituído, passado pelo governo de São Paulo, imediatamente[4]. Não há absolutamente uma frase de réplica a boatos, neste Estado admiravelmente preparado. Quantos do governo lá vão vêem bem o que eu vejo agora: a distinção, a finura de tratamento ao hóspede, a urbanidade. O mundo político trabalha e administra. O Sr. Lins[5] soube cercar-se de homens do valor dos srs. Washington Luis[6], Carlos Guimarães[7] e Pádua Sales[8]. O povo trabalha e floresce.

O café vai dar na última safra quatrocentos mil contos. A policultura já dá para o consumo e mesmo para a exportação. A freqüência às escolas aumentou de 26.000 alunos, constroem-se novos grupos escolares e o sr. Carlos Guimarães acha que dez mil contos da verba devem ser duplicados – mandando São Paulo como manda missões de ensino a vários Estados[9]. As cidades aumentam. A capital teve o ano passado mais 3.700 prédios, e só no último semestre 2.500! Os políticos de São Paulo têm a obrigação de serem o que são, uma garantia do equilíbrio da União.

• • • • •

Mas como se dará a sucessão que é para daqui a oito meses?
De modo simples e claro como sempre.
O partido republicano deu na eleição presidencial 87.000 votos ao seu candidato, enquanto o candidato contrário dava 26.000. O movimento atual é o de aproximação de personalidades de influência um momento afastadas do partido. Mas, ainda assim, o partido não pensa

em estatísticas fantasistas e estabelece a sua votação em 70.000 votos.

O desejo geral é que o pleito se realize com a absoluta lisura de sempre. Realizada a eleição, o Congresso Estadual fará o reconhecimento – e o Congresso tem ainda ano e meio. Depois a passagem do governo com a solenidade do costume. São Paulo tem tão graves responsabilidades, pelo seu passado e o seu presente para com o Brasil – que não pode fazer politicagem.

Não se imagina, pois – o que os boatos diziam aqui, aliás sem fundamento, quando de cá saí. Não há quem em São Paulo, onde a previdência é de resto antiga – quem pense na fantasia desequilibrada da prepotência.

Trata-se apenas de escolher o candidato do partido, discutindo-se três nomes igualmente respeitáveis: Olavo Egídio[10], Fernando Prestes[11] e Rodrigues Alves[12]. No fim todos se congregarão em torno de um só nome. O sr. Albuquerque Lins, interrogado sobre os candidatos, diz invariavelmente que acha os três dignos e que compete ao partido escolher – partido que ele conta deixar unido e forte.

E tudo se faz com calma, dando tempo à reflexão e ao acordo, no meio da grande atividade de progresso do admirável Estado.

Em trem de luxo

Congresso Legislativo do Estado de São Paulo (1905).
Foto de autoria desconhecida.

Em trem de luxo/ na capital de São Paulo/ no Automóvel *Club*/ no Congresso paulista/ os dias passam.

Em trem de luxo

Enfim! Encontrei uma cabine num trem de luxo. Foi preciso esperar três dias. Estavam todos os carros com a lotação tomada. Quando esse melhoramento foi instalado não houve quem não dissesse que seria um desastre.

— Com tais preços, os carros irão vazios. Nós ainda não apreciamos o conforto para pagá-lo!

Seria crível que os passageiros pensassem assim, sentindo prazer em dormir num *wagon*-quartel, saltando nas estações para queimar a garganta com um café (...) Precisamos fazer encomenda com três dias de antecedência e já se torna necessário outro trem de luxo – o que vai ser feito.

Há dois tipos de carros: o alemão e o inglês. O alemão tem o mau gosto alemão e com cor de chocolate, com ramagens verdadeiramente nevrálgicas. O inglês é de um verde de campina, que repousa os sentidos. Por sorte, vou num inglês e, instalado na cabine, tenho uma grande satisfação. Afinal, não nos envergonharemos mais. Tenho andado em vários trens de luxo da Europa do Sul e da Europa Central, quase todos pertencentes à Companhia dos Vagões (...).

Nem na França, nem na Itália, senti-me tão bem instalado. O trem parte. Não sacoleja, não vamos às cabriolas. É possível ler os jornais e gozar o prazer de estar só com conforto. Não há maior prazer na vida. A solidão é um acumulador de idéias – não a solidão no deserto, mas a solidão que obtêm na civilização. Poder não falar com seu semelhante, sentindo-o ao alcance da mão, é a delícia de um século que pregou a sociabilidade intensa, como um meio de progresso feroz.

Mas, de repente, sinto sede e, receoso e ignorante dos nossos progressos, chamo o criado:

– É possível um pouco d'água?

– Pois não.

Adianto-me:

– Com gelo?

– Perfeitamente, o que o senhor quiser. Temos um bar no trem.

Um bar! Temos um bar com preços perfeitamente razoáveis, muito menos roubados que em Espanha ou na França ou em Portugal. Mas estarei no Brasil? Como (...).

Neste instante aparece o fiscal. (...) É implicante, impertinente (...). Leva minutos a examinar a passagem, põe os óculos a ver se a cabine é J ou F. Sai, e o outro, gentil:

– Este é dos atrasados. Não conhece sr. doutor – civilização. Quererá V. Exa. *whisky and apolinaris*[1]?

– Mas Deus! Estarei no Brasil?

Então mando buscar coisas. Que largo espanto terá o *pioneer*[2] do modernismo nos vagões-leitos da Central? Depois apago a luz, deixo apenas a lâmpada verde, leio vários jornais estrangeiros e adormeço sem sonhos, deliciosamente. Só outro dia acordo.

– Estamos em São Paulo, excelentíssimo. Meia hora apenas. Aqui tem o seu chocolate.

Olho ao derredor. Nem uma poeira. A Central? Uma viagem a São Paulo isto? Mas caíamos num outro país! Mas o Sr. Dr. Paulo de Frontin[3] está definitivamente perdendo o *cachet*[4] da Central! É possível tolerar um homem que transforma a viagem-inferno na viagem-delícia?

Na capital de São Paulo

São Paulo, capital, tem um crescimento regular de 3.000 prédios por ano. O ano passado foi de 3.700. No semestre deste já passou de dois mil. É maior que no Rio de Janeiro. Ah! as propriedades dão muito mais. Uma casa de 50 contos, que no Rio pode proporcionar uma renda de sete contos anuais, dará aqui a metade. Em compensação, se quisermos comprar uma casa que no Rio valeria 100 contos, teríamos de dar aqui 200.

A cidade aumenta diariamente e é uma cidade como não há outra entre nós. No seu aspecto geral é que se poderá estudar a grande batalha das raças e a forma formidável de absorção e de domínio paulista.

Quem conhece apenas o Rio tem a impressão de um aglomerado frenético, de que a harmonia fugiu apavorada. Há de tudo numa mistura terrível. A prova é essa Avenida Central, o maior carnaval arquitetônico, o maior duplo cordão de Zé-Pereiras do estilo que a imaginação desencontrada poderia gerar. Mas quem viu outras cidades pode julgar e apreciar São Paulo.

De fato há uma impressão italiana. Ao passo porém, que as correntes imigratórias vem todas do sul e do meio-dia da Europa, o ar italiano de São Paulo é o das cidades do norte da península: Milão, Torino. Torino principalmente. Torino, o grande centro industrial. E além dessa formação voluntária, mais o que é inegável há lembranças de cidades italianas, há um ar europeu, mas São Paulo é principalmente paulista.

Se o espírito paulista chegou ao grau de civilização de dominar a influência de cem mil representantes de uma raça criadora e artística, absorvendo-a e conduzindo-a, isso explicaria ao observador e ao filósofo o seu papel na civilização do Brasil, mais do que vários volumes de estatística.

No Automóvel *Club*

Como entro na companhia de Cândido Torres Guimarães, o amável *lieutenant*[5], na sala do Automóvel *Club*[6], tenho a impressão de entrar no escritório do Brasil Exterior, em Paris, escritório que já se denominava São Paulo-Exterior. Estão quase as mesmas pessoas que há três meses ainda vira nessa que é, como diria o escritor: capital da civilização e de muita coisa mais; e há um *shake-hands*[7] mole, como agora é moda, tal qual os trocados pela gente que em toda a parte se aborrece e é sempre a gente rica.

O Automóvel *Club* tem um número restrito de sócios e é bem o que de mais fino há em São Paulo. Para a sua montagem houve logo, como era natural, vastas somas. Mas houve também um gosto apurado a presidir o emprego de vastas somas. De modo que a adaptação do prédio às necessidades de um clube dos homens, foi a mais própria e a mais cuidada. Um vasto salão de larga composição inglesa, um bar instalado com gosto, um salão de bilhar excelente.

No bar, precisamente, tomando laranjadas por um canudo e chá servido num aparelho de porcelana de cor salmão, há numa das mesas, Souza Queiroz, ilustre família dos Souza Queiroz, e que agita a sua mocidade com apurada elegância, Olavo Egídio, filho[8], Cândido Guimarães, tão fino e tão distinto, o mais fiel amigo de D. Luis de Bragança[9], e Paulo Prado[10], e o ilustre dr. Pedro Villaboim[11]. Paulo Prado tem o "charme" da palestra com idéias entre observações flagrantes e anedotas que alegram. É o homem civilizado que não faz literatura mas ama a literatura e o lado artista da vida, reservando-se, aliás, o direito de ser apenas observador. O dr. Villaboim, de tão aguda inteligência como de refinada gentileza, prende e delicia.

De vez em quando, pára à mesa, a ouvir um pedaço de palestra, um cavalheiro que representa ou nome de antiga origem, ou nome que aumenta com muitos milhões de francos. Mas, a conversar com estes paulistas, penso apenas de como, enquanto falamos de espírito latino e na rua falam italiano, a civilização inglesa atua e plasma, mesmo através de Paris, os homens representativos de uma raça forte. Eles estão a repousar, no seu clube. O seu clube de gosto inglês é inteiramente mobiliado por uma casa inglesa. Eles estão a conversar. A sua elegância é inteiramente britânica. Pode-se pôr a assinatura dos alfaiates londrinos em cada fato e dizer aos fornecedores de *New Bond Street* e *Regent's Street*. Certo, dirão, essa feição inglesa é talvez uma imposição da moda francesa, do espírito de um pequeno número de homens elegantes de Paris. Mas se na vida prática, cada um desses homens é um senhor rural ou um bolsista com a concepção larga da vida inglesa? Mas se no trato esses homens são a negação do francês e a réplica do inglês de sociedade?

São Paulo dá tanto que pensar, mostra no Brasil tantos prismas de uma civilização superior!

Mas, precisamente, alguém da mesa propõe mostrar-me numa corrida de automóvel, a São Paulo das grandes casas, dos bairros aristocráticos, das ruas de palácios às vezes habitados por uma só família, e dos bairros novos. E então é na corrida, com a visão das fachadas e das perspectivas, o sonho dos milhões, a fantasia dos milhões que brotam da terra em floradas esplêndidas, para a transformação esplêndida do café em esterlinas...

No Congresso paulista[12]

Ouvir uma sessão da Câmara? Não. O necessário, o preciso é estar no ambiente do Parlamento, conversar com um e outro, trocar idéias, tomar café – discutindo ou ouvindo pilheriar. Um vício jornalístico é bem a Câmara. Se um escritor de jornal disser um dia que não sente o desejo irreprimível de ir à Câmara, mesmo quando lá não tem que fazer, poderia ter a certeza de que não é jornalista. E o ambiente é tudo, o ambiente parlamentar. A questão não é ir à Cadeia Velha, é ir à Câmara, seja ela qual for. E eu que em Roma ia conversar com deputados e assistir à discussão do orçamento da imigração, vou também à Casa do Congresso paulista.

Devemos dizer que nesse Congresso estadual há muito mais ordem, muito mais conforto, muito menos portinhas e muito menos contínuos que na Câmara Federal. Vê-se bem que por lá não passou o Dr. Estácio Coimbra[13] nem nunca lá mandou o general José Gomes Pinheiro Machado[14]. Nas salas de palestras, nos salões há cadeiras de verdade, vastas poltronas inglesas, tapetes de cor decente, serviços de chá e café dignos, trazidos por criados bem postos. Tudo é discreto, sério, largo e confortável. Não há quadros históricos enchendo as paredes para atrapalhar os deputados, como na Câmara Federal. Lá não se daria a cena que se deu com Jaurés[15], que perguntando no salão do dr. Sabino Barroso[16] o que significava o quadro do sr. Aurélio de Figueiredo[17], viu os deputados hesitarem e por fim um deles explicar:

— Representa o descobrimento do Brasil.

— Caramba!, retorquiu Jaurés, nunca pensei que os senhores tivessem sido descobertos com um discurso!

Mas talvez a lhaneza dos homens faça na Casa do Congresso paulista um ambiente de simpatia e distinção. Esses deputados lêem, sabem escrever, têm a nota da amabilidade que prende sem acanhar. Não falo de Carlos de Campos[18], artista antes de político, e que na política põe o seu prestígio ao serviço da bondade, nem de Wladimiro do Amaral[19], uma influência que é gentileza. Nesses momentos da Câmara tenho prazer de travar conhecimento com Antonio Lobo[20], irmão de Paulo Lobo e de José Lobo. De resto jamais ouvi voz tão parecida com a de José Lobo. É a mesma. E o mesmo espírito e a mesma gentileza.

Mas entre tantos é preciso citar a figura fulgurante de Herculano de Freitas. Esse é, com o seu talento, a sua ironia o *a propos*[21] de cada frase, a observação cintilante e paradoxal a encobrir um espírito seguro do político adestrado, uma alta cultura com o descortino dos grandes problemas do momento – um dândi mental. Medeiros e Albuquerque[22] disse numa peça que a elegância moral é a única que não passa de moda. Herculano de Freitas é sempre por isso o jovem e brilhante modelo copiável. E, naturalmente, diante dele, sentimos a pergunta que está no ar:

— Quando será ministro?

Porque será, talvez muito breve. Ele sorri ironicamente, nem pensa nisso e todos pensam nele...

Os dias passam

Mas o que decerto já se plasmou no tipo paulista foi a beleza italiana. Certo os antigos bandeirantes deviam ser grandes homens fortes e belos; certo o paulista de há cinqüenta anos tinha uma figura especial, que aliás se conserva nas principais famílias. Mas o povo, o povo mudou de 1880 para cá. E é belíssimo. Podemos estar descansados. Não há homem em mangas de camisa arregaçadas, mostrando os braços cabeludos, nem gente descalça. Andam todos de sapatos. O pé no chão é uma propriedade do Rio e de Lisboa, entre as grandes capitais. E o tipo que predomina é o italiano do Sul, o italiano moreno de Nápoles e de Siracusa, de Taormina, da Sicília. Essas lindas mulheres de cabelos negros, grandes olhos imensos, boca rubra e a pele de ouro rosado, esses adolescentes vivazes, que sorriem e parecem alegres, como o Mercúrio de *Erculanum*, essa alegria ativa de toda a gente.

Estou a vê-los passar. O paulista de classe superior bem vestido, elegante, de maneiras distintas, as paulistas ricas – como há gente rica por aqui! – severas nos seus automóveis, e no grosso, esse povo colorido e vivo, cheio de atividade e de riso – o napolitano afinado pela América, e o mestiço guardando na alma a chama agitada daquela vida de gastos e entusiasmo que é a do pedaço ensolado da Itália do Sul.

Lembro-me que é meio extravagante estar a escrever sobre São Paulo. Toda a gente vem a São Paulo. É tão esquisito descrever o Triângulo como Oxford Street, como o *Boulevard* dos italianos ou a Via XX de Setembro de Gênova[23]. Quem não os conhece?

Mas no outono da minha vida vai um pouco do enternecimento nessa inutilidade. É que raras vezes tem a gente o prazer de ser patriota, e em São Paulo há por momentos o orgulho de ser brasileiro...

Joe

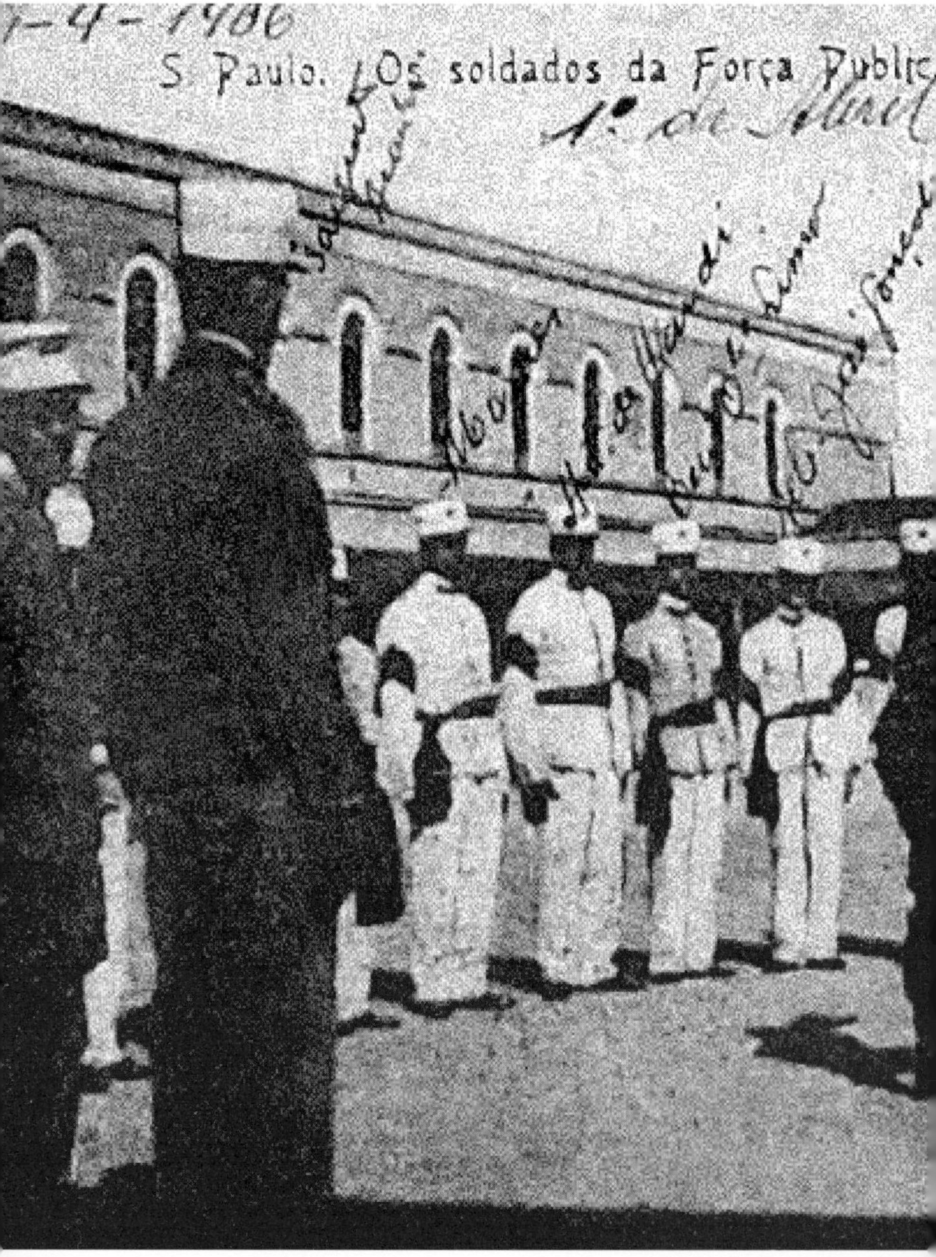
S. Paulo. Os soldados da Força Public

Impressões de São Paulo
A Força Pública

Treinamento dos soldados da Força
Pública pelos oficiais da Missão Francesa.
Cartão-postal (1906). Foto de autoria
desconhecida.

A impressão que mais fere o viajante – Opiniões –
A organização da Força e o preparo moral e físico do
soldado moderno – O espírito de unidade e de continuidade
do paulista – Um aspecto curioso.

Em São Paulo para os que pela primeira vez visitam a cidade, uma coisa há de imediato relevo na animação das ruas, no brilho daquela vida intensa: a organização da Força Pública do Estado. Vindo de outros pontos do Brasil ou indo do Rio, aquele aprumo dos soldados, aquele ar seguro e reto de homens disciplinados causa logo uma impressão de agradável surpresa. Tem-se um aspecto imprevisto: o do soldado paulista, em cada farda que surge.

Naturalmente há no primeiro momento confusões com as fardas. Logo, porém, habituamo-nos a distinguir: os bombeiros com um aparelhamento que grandes cidades da Europa envergam, a guarda cívica com os seus bastões muito antes do Rio e com a noção londrina e nada carioca ter à cinta um estojo onde guardá-los e propriamente o soldado, o soldado da Força Pública. Todos os Estados têm uma força pública de garantia interna, mais ou menos moldada na nossa Brigada. São Paulo, porém, não ficou apenas no aliciamento de um certo numerário de unidade de armas, e como é o pioneiro e o civilizador ousado, mandou buscar instrutores militares, introduziu a missão francesa e criou um tipo de soldado que no simples viajante causa funda impressão[1]. Grandes nomes das nossas letras não puderam deixar de acentuar por escrito a sua admiração. Grandes vultos estrangeiros como Ferri, Ferrero, Clemenceau e Anatole France[2] mostraram-se possuídos do mesmo sentimento. De Anatole France guardo mesmo duas respostas suas sobre São Paulo.

— E São Paulo, mestre?

— É alguma coisa.

— Mas o que lhe causou mais impressão?

— O soldado paulista e o jardim da infância[3].

Ele levara com efeito cerca de duas horas no Jardim da Infância, no edifício da Escola Normal[4], e perguntava sempre, decerto com orgulho patriótico, sempre que via um batalhão, cujo garbo lhe agradava:

— São os preparados pelo coronel?

O mesmo pensava Abel Botelho[5], que além de romancista é militar.

O governo, o sr. Secretário de Justiça, com uma gentileza perfeita facilitou e facilita a esses viajantes ilustres a visita ao quartel, a observação mais direta de exercícios. E de tal forma se fez a auréola da Força Pública de São Paulo – que até o Rio teve uma amostra do seu garbo com a vinda de uma banda de música[6] que só tem no mundo uma congênere: a da guarda de Paris.

Quando estive em São Paulo numa série de dias feriados, a mesma impressão dominou-me. Aquele entusiasmo de embateria moderna das bandas, aquele espírito de consciência disciplinar que faz a marcha de um batalhão, um movimento só e uno, agido por uma só alma, agradam ao mais cético. Tive desejo de também assistir, em companhia de oficiais, aos exercícios.

Mas, subitamente, esse desejo desapareceu.

Outros poderão admirar e já admiraram na Força Pública de São Paulo esse brilho externo, essa aparência modelar, o ar europeu dos soldados nas marchas pelas ruas, nos exercícios, no garbo, com que mostram a disciplina. Eu tive a curiosidade de querer conhecer um pouco a sua estrutura íntima. "Podeis aparentar iludindo o frívolo com obra de somenos, mas por pouco o fareis se ao sensato for dado a ver-vos o íntimo" dizia o antigo. Na Força Pública, não encontrei o temor de mostrar a sua organização. E precisamente a parte interna encantou ao meu nacionalismo mais profundamente ainda.

O paulista estadista estabeleceu antes da federação o espírito de sentimento na administração. Da continuidade surge a unidade. Há muito que admirar na instrução pública nesse sentido. Os esforços são extraordinários para criar na criança o tipo completo do homem

60 | Coleção Paulicéia

moderno. Na Força Pública o espírito íntimo da organização é fazer indiretamente a educação militar do paulista, o patriota pela educação moral, o verdadeiro soldado pela disciplina física. Dizem, e a mim mesmo asseguram que na Força predomina o elemento estrangeiro. Os brasileiros têm o defeito de duvidar da própria capacidade. É uma inverdade. O coeficiente é mais que diminuto. Em seis mil soldados não há talvez quatrocentos estrangeiros e o número de italianos é de quarenta e seis, contando com os soldados músicos da banda. O governo, fazendo vir a missão francesa, não quis preparar uma defesa da ordem interna por mercenários, quis preparar e educar o paulista soldado.

É, inteiramente, uma outra coisa. E daí o meu prazer em estudar a Força por esse aspecto.

O soldado da infantaria começa pela escola do soldado com instrução individual. Quando está conhecedor entra para a fileira no ensino de seção. Depois dessa inicia-se na companhia e finalmente no batalhão. O soldado da cavalaria começa no ensino de cavaleiro a pé, depois a cavalo, depois no de esquadrão, depois no batalhão. Os que se destacam são graduados segundo as suas aptidões e servem de instrutores. Se deixam a Força, são soldados preparados que ficam numa reserva indireta. Se continuam, galgam os postos regularmente, nas normas de comum.

Num caso de guerra externa – de que os deuses certo nos livrarão – com a continuidade do método da formação militar do cidadão, São Paulo pode dar quatro ou cinco vezes o efetivo da sua força pública, como contingente de soldados aptos a servir o Brasil. E soldados não só preparados em armas, de forte físico formado em exercícios contínuos, como em homens conscientemente patriotas, sabendo ler e escrever, sabendo noções de corografia da sua terra e noções de história, tendo aprendido mesmo civismo.

A um sujeito qualquer parecerá preciosismo essa espécie de soldado. E, naturalmente virão as frases velhas.

Para ser herói não é preciso saber corografia e estar na escola do soldado.

Apenas o heroísmo analfabeto é inteiramente inútil nos exércitos modernos. A guerra é uma questão de ordem, de disciplina e de conhecimento, enquanto não acaba definitivamente, como uma estúpida revivescência da barbárie. Entretanto, não contive a curiosidade desejosa de encontrar falhas e como nas escolas, depois de ouvir petizas recitarem poesias difíceis, não podia deixar de perguntar-lhes o significado das palavras que tão bem pronunciavam, entretive-me alguns dias, acidentalmente, ao acaso, não em ir ouvir o coronel Balagny[7] ou em ir pedir notas ao sr. Washington Luís que tanta segurança soube imprimir à sua administração. Eles seriam gentis o suficiente para mostrar-me os batalhões e os dados oficiais e com a convicção de ter feito obra boa. Mas em interrogar os soldados, os cabos, com o ar de estrangeiro perdido, e de assistir mesmo aos exercícios iniciais dos soldados, como curioso anônimo.

E tive certo um espanto.

Os soldados sabem mesmo aquelas coisas e o ensino gradativo da prática militar é admiravelmente bem feito.

O método de instrução inicial do soldado deu-me a impressão de um campo de ginástica de um ginásio, mas de prazer. Os exercícios físicos preparam o homem para a fácil execução dos movimentos ensinados na escola do soldado. É um preparo da robustez e da integralidade nervosa, porque a nova praça tanto aprende a desenvolver os músculos como a de se manter com calma em equilíbrio em sítios perigosos. E a instrução é individual, isto é, ministrada a cada indivíduo. Instruído cada indivíduo de *per si*, vê o instrutor com mais facilidade os erros cometidos e com mais facilidade os corrige.

Eu via no recruta, no galucho já brotado, o sentimento de disciplina, o desejo de precisão dos gestos. O instrutor examinava-os com garbo sucessivamente, retificando movimentos mal executados ou posições menos brilhantes em ordens secas, sem tocá-los.

Mas a escola do soldado começa na atitude e na imobilidade absoluta. Vêm depois os movimentos sem arma, depois os passos como se estivessem armados. Só em seguida os movimentos se repetem com as armas. Depois há a ginástica de desenvolvimento, os exercícios de tiro desde os preparatórios, para o manejo das armas, até o atirador em combate, e só aí temos o soldado pronto para a fileira. É quando vem a escola de seções, o movimento em fileiras. Aí aprendem os praças o alinhamento, as marchas, passar da formação em linha à formação em colunas, reciprocamente, os movimentos de coluna, as formações da seção para combate, a utilização do terreno. Depois dessa educação em pequeno grupo, vem a educação em companhias, já então com exercícios de combates entre cavalaria e infantaria, para só daí passar ao batalhão. O preparo do soldado da cavalaria, passa pelo mesmo processo de aperfeiçoamento.

De entusiasmo difícil, mas absolutamente satisfeito com um exercício que fora para mim um quadro de precisão e brilho, disse a um soldado:
— Vocês têm um garbo estrangeiro.
— Eu sou brasileiro, respondeu com deferência.
— Mas isso não tira.
— Porque eu sou paulista, acentuou ele.
— Mas há uns melhores que outros. Você, por exemplo...
— Eu sou igual aos outros e todos procuram cumprir o seu dever.

Então me lembrei dos ensinamentos de um livrinho distribuído largamente sobre a Escola do Batalhão. Esse livrinho termina falando das forças morais e depois de enumerá-las – honra e patriotismo, vontade de vencer e espírito de sacrifício, diz assim: "Enfim a disciplina e a solidariedade, que asseguram a ação do comando e a convergência dos esforços. O dever mais elevado dos oficiais será desenvolver essas qualidades na alma do soldado desde o tempo da paz, de modo a levar o moral da sua tropa ao nível mais elevado e torná-lo assim pronto para qualquer eventualidade, no caso em que a pátria precise dos seus filhos para defesa dos seus direitos e da sua honra".

Esse livrinho data de 1908. Eu via em São Paulo uma prova a mais do espírito da continuidade, da tenacidade permanente, da unidade de esforço que levanta aquele pedaço da terra brasileira – exemplo e orgulho nosso.

E essas observações ínfimas de um simples *touriste*[8] pareciam-me muito mais afirmativas do caráter paulista, na criação e execução da Força Pública, que o seu reflexo público, que todos podem admirar: a correção, a disciplina, o garbo dos corpos em marcha.

O Serviço Florestal de São Paulo

Parque da Cantareira. Cartão-postal.
Foto de Guilherme Gaensly.

Uma obra excelente – Resultados imediatos – O Horto Botânico e Florestal – A silvicultura – 4.000 mudas distribuídas por dia.

Quando aqui foi instalado o Ministério da Agricultura houve quem tivesse esperanças. Num país essencialmente agrícola tínhamos custado a criar o Ministério do Trabalho. Mas fora melhor assim. São Paulo, o mestre em todas as coisas da Federação, tinha uma secretaria modelar. Adaptáramos regulamentos e serviços e teríamos logo uma obra digna, capaz de prestar serviços imediatos.

De fato, não fizemos outra coisa. O esboço da primitiva organização do nosso ministério foi até feito por funcionários provectos da Secretaria de Agricultura de São Paulo. Depois, os serviços inaugurados e que para o resto do Brasil pareciam um excesso, já davam excelentes resultados práticos em São Paulo. Mas entre São Paulo e a União não há só a radical diferença de que São Paulo é o único a dar o exemplo e a fazer adiante do resto do país pelo menos dez anos de civilização – o que nós devíamos ter feito antes. A maior e pasmosa diferença é que aquela gente forte e capaz idealiza e executa, e nós copiamos e ficamos a tentar pôr de pé a cópia. É o que acontece com o Ministério da Agricultura. São Paulo deu-nos o exemplo. Nós ficamos no delírio do papel, na orgia dos decretos e das portarias, sem nada de prática, sem nada de eficaz, sem nada de positivo.

Ao chegar a São Paulo, o que aos olhos menos inteligentes se evidencia é a preocupação do governo desse quase país no desenvolvimento das forças vivas do Estado, é o poder constituído amparando, ajudando, colaborando com o povo, é a mão do estadista ao lado do esforço particular, dando como resultado esse brilho geral que faz São Paulo com um extraordinário progresso, na organização interna, no preparo do homem, na educação, na indústria, no comércio, na agricultura. Em São Paulo o homem quer e o governo, em vez de politiquice reles, ajuda o paulista. Há sete ou oito anos em plena crise do café, ouvi um paulista a dizer-me:

— Nós venceremos e o café voltará a subir. Mas depois de subir, pode descer outra vez porque nunca mais nos pilha em falso.

Era um homem resumindo a opinião de todos os homens daquela terra esplêndida. O café sobe mas a policultura já se denuncia de um modo extraordinário. Basta consultar as cifras da produção do arroz. Tudo é assim positivo, rápido e patente: a sua transformação pedagógica, o seu desenvolvimento ferroviário, o seu vigor econômico, o extraordinário progresso industrial. Quando nós discutimos coisinhas, São Paulo ergue um palácio das indústrias para mostrar o seu esforço e o seu adiantamento permanentes. Quando nós fazemos política, São Paulo aumenta os seus celeiros, enche os campos de criação, faz a sua riqueza com auxílio do governo – porque lá as escolas agronômicas, os institutos agrícolas, as diretorias de agricultura, todos os serviços são realidades – localiza a corrente imigratória.

Entre os administradores de São Paulo, há um homem, o dr. Pádua Sales, que dirige a Secretaria da Agricultura, Indústria e Comércio vai para muito tempo. Esse cidadão ilustre colocou tão acima das questiúnculas políticas de seu cargo, dedicou-se de modo tão intenso à obra de administrar uma secretaria que é o eixo econômico da grandeza de São Paulo, que os próprios políticos em divergência do seu partido são forçados a respeitá-lo e a louvar-lhe a obra. Isso com a maior modéstia, num esforço de todos os instantes, sem anunciar a excelência do trabalho. Americano e seguro do que faz, agindo através da secretaria, nos pontos mais afastados da terra paulista.

Quando parti para São Paulo, falando-se muito em serviços de jardins e hortos fornecedores de auxílios a lavradores, eu ia com esta preocupação. Ao chegar lá desejava ver o que São Paulo fez naquilo que nós há muito devendo ter feito ainda nada fizemos.

Ao meu guia indaguei:

— Há aqui um horto?

– Há dois. O Agrário Tropical, em Cubatão, onde se ensaiam as culturas tropicais, cacau, baunilha, bananeiras, coqueiros e onde se tenta com muito resultado a cultura do bicho-da-seda; e o Horto Botânico e Florestal.

– Que é...?

– Próximo à Cantareira. Quer você vê-lo?

Quis. E trago de lá uma extraordinária impressão de forte trabalho. Certo, quando ia em caminho não imaginava ter em mãos documentos de um trabalho tão equilibrado, tão seguro, tão firme, tão abundante. O mais indiferente brasileiro sente em São Paulo dessas surpresas que enchem de orgulho, que enaltecem. Era um serviço criado ontem, era bem a última obra do dr. Pádua Sales, e as provas tão abundantes se faziam de esforço que não me pude furtar à admiração. São Paulo é sempre o Civilizador, porque os seus estadistas, segundo o velho conselho de Aristóteles, em vez de serem profissionais da política, vivendo dela e para ela, são homens capazes, conhecedores da vida prática que a ela levam para governar os concidadãos, todos os conhecimentos de uma experiência múltipla e variada. E tudo se faz direito por gente que sabe o que vai fazer.

O Serviço Florestal tem como sede o antigo Horto Botânico e atualmente Horto Florestal do Estado de São Paulo. O Horto Botânico Paulista foi criado em 1895, no governo do dr. Bernardino de Campos, ficando como repartição anexa à Comissão Geográfica e Geológica. Para isso, adquiriu o governo terrenos com uma área de 25 alqueires, próximo à Cantareira e na margem esquerda do *tramway*[1] que da capital se dirige àquele aprazível arrabalde. Era então nomeado seu diretor o sr. Alberto Loefgren[2], que ali se conservou até a administração do dr. Carlos Botelho[3], no governo do dr. Jorge Tibiriçá[4], e que era o chefe da Seção Botânica da referida Comissão.

Em 30 de junho de 1909, quando era secretário da Agricultura o dr. Cândido Rodrigues, foi esse estabelecimento transformado, passando a denominar-se Horto Botânico e Florestal e a constituir repartição à parte de estudo da nossa flora lenhosa, e da propaganda e distribuição de essências florestais indígenas e exóticas. Nessa ocasião, assumiu a sua direção o sr. Gustavo Edwall, chefe da Seção Botânica, que ali se manteve até que em março do corrente ano o dr. Pádua Sales resolveu transformar esse departamento de sua pasta, visto não satisfazer a seu contento às necessidades que determinaram a sua criação. Foi, então, criado um novo departamento na sua

Secretaria – o Serviço Florestal de São Paulo, tendo sido nomeado para seu chefe o ilustre sr. Edmundo Navarro de Andrade[5], diretor do Serviço Florestal da Companhia Paulista.

Com os terrenos que dentro de poucos dias deverão ser adquiridos ficará o Horto Florestal de São Paulo com uma área de 64 alqueires paulistas (1.476.200 metros quadrados), onde serão estabelecidos talhões das melhores essências florestais indígenas e exóticas. O decreto criando o Serviço Florestal foi assinado no dia 18 de abril do corrente ano, dando-se início imediatamente aos trabalhos para o estabelecimento de um grande viveiro, de modo a poder ser feita, ainda em 1911, considerável distribuição de mudas aos lavradores do Estado.

O Serviço Florestal tem a verba de 60 contos, com a qual deve ser pago todo o seu pessoal, inclusive o chefe, feitas todas as instalações e melhoramentos, plantações e conservação, aquisição de materiais etc. Devendo distribuir a partir de 1912 cerca de um milhão de mudas, fácil é calcular o poderoso auxílio dado aos lavradores com tão pequena verba. Para se avaliar o resultado da reorganização feita pelo dr. Pádua Sales bastará comparar a distribuição de mudas feitas pelo antigo Horto Botânico, desde que ali começou esse serviço, até a data da sua reorganização, com a que vai ser feita ainda este ano pelo Serviço Florestal.

Eu tive a relação das mudas distribuídas pelo Horto Botânico da Cantareira entre 1902 e 1910, incluindo essências florestais, plantas ornamentais e estacas para enxertia. É a seguinte:

1902 –	2.364
1903 –	16.415
1904 –	8.217
1905 –	5.799
1906 –	37.046
1907 –	24.699
1908 –	27.944
1909 –	17.170
1910 –	17.002
Total:	156.651

e que dá uma média de 17.405 mudas distribuídas anualmente.

Apesar de ter iniciado os seus trabalhos em abril do corrente ano, o Serviço Florestal está habilitado a distribuir até dezembro de 1911 mais de 700.000 mudas de essências florestais, tendo começado em setembro a distribuição em larga escala, numa média superior a 4.000 mudas por dia.

No Horto Florestal foi organizado um grande viveiro, com uma área de 3 alqueires paulistas, para a sementeira e preparação das essências florestais nacionais e estrangeiras. Atualmente há no viveiro:

700.000 mudas de dez espécies de eucaliptos
100.000 mudas de cinamomo (*Melia azedarach*)
60.000 mudas de araucária (*Araucária brasilian*)
52.000 mudas de plátanos (*orientalis* e *occidentalis*)
18.000 mudas de cedro brasileiro (*Cedrela fissilis*)
5.000 mudas de choupo (*Populus pyramidalis*)
5.000 mudas de guarantã (*Eusenbeckia lelocarpa*)
3.000 mudas de graviléa robusta
3.000 mudas de cabreúva (*Myrocarpus frondosus*)
3.000 mudas de peroba (*Aspidosperma plyneuron*)
4.000 mudas de jacaré (*Piptadenja communis*)
3.000 mudas de capatuna (*Metreodorea pubescens*)
1.000 mudas de fícus benjamina
3.000 mudas de copaíba (*Copaífera langsdorfli*)
3.000 mudas de pau-brasil (*Cesalpinia echinata*)
5.000 mudas de cedro europeu (*cupressus* diversos)
2.000 mudas de amoreiras (*Morus nigra*)
1.000 mudas de *Cryptomeria japonica*

além de grandes sementeiras feitas de faveiro, guarantã, tamboril, pau-brasil, graviléa, casuarina, *cupressus* e muitas esssências florestais brasileiras.

Há muita gente que supôs desnecessário o estabelecimento de tão grande viveiro, parecendo-lhe que não seria fácil distribuir quantidade tão avultada de mudas de esssências florestais num Estado em que a silvicultura conta número insignificante de adeptos. Felizmente, porém o novo departamento foi bem acolhido pelos lavradores, bastando, para prová-lo, assinalar o fato de, uma vez anunciada a distribuição de mudas, em menos de um mês, havia pedidos para mais de 400.000. Deve notar-se que muitos lavradores não fizeram maiores pedidos, por temer não serem atendidos, como nos anos anteriores. Outro fato muito significativo e que demonstra a aceitação que vai tendo a cultura florestal é o seguinte: em cumprimento de um dos artigos do regulamento, o chefe do serviço tem visitado as fazendas, cujos proprietários desejam fazer plantações florestais e em nenhuma delas deixou de encontrar o terreno convenientemente preparado para receber as mudas cedidas pelo governo.

E esta nota é típica, prova melhor de que um volume de retórica a preocupação geral, a correspondência de vontades, as afinidades ligadoras entre o paulista que administra e o paulista que confia no seu governo. Seria possível um horto como o reorganizado pelo sr. Pádua Sales, dando em qualquer ponto do Brasil esses resultados quase instantâneos? Teria um funcionário da Agricultura Federal a possibilidade de em viagem de silvicultura já encontrar em fazendas terrenos convenientemente preparados para receber as mudas do governo? Por pequenos fatos desses se pode aferir a capacidade triunfante e a energia vitoriosa de um povo.

Mas ao deixar o Horto e os seus funcionários, tão hábeis quanto amáveis, eu lembrei que nada disso a Federação tem de fato. Problemas sérios, coisas que assegurem a riqueza nacional, processos de administração superior, de entendimentos da causa pública... Temos lá espaço para isso? Que tempo teríamos então para discutir politicagem nacional e portuguesa? Não. Essas coisas competem a São Paulo, o Civilizador. Depois daqui a alguns anos, como sempre, – nós e mal...

Oração à mocidade

Faculdade de Direito do Largo de
São Francisco (1910).
Foto de autoria desconhecida.

Em São Paulo, na cidadela sagrada, em face de quinhentos jovens, de inteligência e generoso coração.

Mocidade...

O milagre é a força encadeada do crer, do esperar e do querer. Nas silvas educativas de autores cristãos haveis lido muita vez sobre a eternidade da fé casos que a imortalidade da ignorância denominaria anedotas mas que de fato foram maravilhas ou milagres. E entre tantos esquecidos e tantos lembrados, todos escritos com a pureza do rocio da madrugada que é o suor da lua a expirar, um ficou na nossa mente desde a infância, como o exemplo cheio de intenções, de mistérios e de refulgências: — o milagre do monge e do passarinho. O santo deixara o convento quando o céu começa a se fazer no oriente de carmesim e de ouro. O santo meditava sobre a vida terrena, o tempo fugaz e a eternidade divina. Em de redor da terra era como a virgindade que se entrega ao calor primeiro do beijo solar. Um pássaro cantava. O santo ouvia-o embevecido. O pássaro, seta sonora, para mais longe voou. O monge, ressonância íntima da bênção universal, seguiu-o. O pássaro pousou e continuou a gorjear. O frade sentou e continuou lhe ouvir. E quando voltou ao mosteiro horas depois, bateu e o irmão que veio abrir não o reconheceu nem ele ao irmão. A ouvir cantar a ave do suave gorjeio passara o santo mais de um século...

O tempo é nada. Já dele disse Aristóteles, gênio tão grande que foi o primeiro a ser chamado de plagiário: – "constando do pretérito que não é e do futuro que vai ser em mais não consiste senão em ir-se". Sentir a obra de Deus, fazer da vida o louvor da Beleza é não sentir o tempo e eternizar-se na eternidade. Esse santo compreendera. Ficou por tal tocado da maravilha. O abemolado som dourado da garganta de um pássaro fixou-lhe a roda do tempo e fixou-o na memória das eras depois, com o fulgor estelar do milagre exemplo.

Mocidade...

Não tive e não terei nunca a segurança da alma capaz do êxtase que não é absorver e deixar-se absorver, vibrar como átomo no todo não desejando guiar o todo – máxima perfeição do verbo admirar. Mas longe de crer os deuses filhos do Pavor, no dizer amargurado do vate romano, sinto a vida um perpétuo assombro de Beleza e vejo em cada canto deuses formosos e propícios – deuses que são engrinaldadores das energias humanas. E todos esses nomes eternos que erguem aos astros as paixões da terra e virilizam de ânimo celeste as ações do homem, eu os condenso no princípio de todos os entusiasmos, de todas as generosidades, de todas as energias, de todos os desejos, de todas as nobrezas, de todos os amores: – a juventude.

E quando a esperança me anima, oro ao tesouro de virtudes que a palavra adolescência encerra; quando a tristeza me entenebrece corro à fogueira da alegria que são os vinte anos das árvores humanas; quando a torpeza me alanceia com o seu vesgo cortejo de calúnia e miséria, acendo no coração a candelária juvenil; quando o desastre anda no ar eu tenho fé, esteio do labor e volvo a alma com anciã que sois vós.

O santo saiu do mosteiro e passou um século a ouvir o pássaro. Eu venho à juventude para não sentir o tempo. O santo voltou à vida e achou-se desconhecido, diante de uma porta que dificilmente se lhe abriu. Eu volto à mocidade e acho-me na eternidade. Que importa não sejais os mesmos de há um século neste mosteiro? Que faz serem diversos os nomes nas embaterias que se renovam de lustro em lustro? Os outros já andam pela vida, deixaram de adivinhar, morreram para a revelação. A mocidade é a flor que sabe o segredo da raiz e o segredo da semente no anúncio do fruto. A mocidade é a aurora que desfaz a lágrima da noite no calor do dia. A mocidade reconhece e quando não reconhece adivinha.

O santo veio do encanto para o amargor com o vosso elixir inebriante: – juventude, incentivo da vida, bem maravilhoso, esperança dos povos, princípio vital da existência, único Deus eternamente bom!

Mocidade!

Não é a primeira vez que me encontro no carinho da sua companhia ardente. Há dez anos aqui vim. Era jovem também. Tiveste o dom de compreender o fervor de quem não revelara nem talvez possa jamais revelar o turbilhão de sensações que só tem valor quando se cristalizam no diamantinismo das idéias. Eu balbuciei apenas. Há cinco anos voltei. Perdera a juventude física na intempérie da existência. O vosso acolhimento foi tão luminoso, que nem sequer balbuciei. As lágrimas dos olhos meus eram aos vossos olhos o rosário da fé. Hoje ainda aqui estou.

Por quê? Para pedir-vos a atenção, o auxílio? Não! Para pedir fé e alegria! A nossa psicologia é a nossa linguagem. A cada desmaio mais prolongado corro a vós para reformar e iluminar a alma como a fênix! Poderia ir a outras escolas. A mocidade é a flor da terra. Brota em toda parte. E há outras academias hoje em que os bacharéis são em legião, mesmo sem serem moços e principalmente sem ter estudado... Mas vim a esta, venho sempre a esta – porque ainda é a cidadela sagrada do espírito da raça no coração da pátria.

A terra de São Paulo é o berço de todas as conquistas da nossa civilização de acampamento; é o teatro dos dramas da nossa energia; é o foco do ensinamento da nacionalidade. Daqui partiram os defloradores das florestas, os cantadores de cidades nas bandeiras que levavam a audácia, a ambição e a coragem gigantesca contra um continente cheio de horrores. Aqui pela primeira vez o largo grito da Independência ecoou. Aqui surgiram os maiores fatores do país na conquista das idéias, na conquista do solo, na organização do Estado. A missão desta terra é guiar as suas irmãs. No grande simulacro que se chama História e de que o jornal é a fraudulenta eleição diária, ela ensina, ela conduz, ela é *duce*[1]. Revelou um mundo, cristalizou uma raça, fez as leis, organizou ou governos. E centro de civilização, num imenso agrupamento a civilizar, ensinar a conservar, a respeitar e a admirar.

Este mosteiro de São Paulo, na sua rota civilizadora, tem sido continuadamente o templo, cujas paredes são de esmeralda, cujas portas sangram o escarlate mineral de rubis. Para ele, formador dos condutores futuros, voltamo-nos à espera da revelação. E nunca o templo deixou de dar homens à raça e nunca esta terra fraquejou viril e orgulhosa pela inteligência, forte pela ambição e pelo conhecimento, pela audácia; artista pela cultura, ponderada pela reflexão.

Os heróis, os poetas e a mocidade têm o mesmo futuro generoso. Do poeta já disse Vigny[2]: que era estudante eterno. Do herói já disse o filósofo que ele é renovo do mundo. Herói, poeta e mocidade são as projeções das pátrias, porque neles crepita a fogueira do ideal!

Apenas o herói tem horas de abandono e de ingratidão das raças, e a mocidade fica com ele. Apenas o poeta tem momentos de descrença e é a mocidade que o soergue com o largo riso forte que tem a divina Certeza.

Eu venho à vossa porta e clamo:

— Mocidade, o meu ceticismo é a máscara do desalento. Nunca a pátria que ides continuar desceu tão baixo. Eu tenho medo!

Lá fora, por um milhão de léguas quadradas, a estupidez rebentou em cataclismo. Há fome, há miséria e a indignidade, curvando as espinhas como barbatanas, fez da pátria uma copa colossal em que lacaios se disputam os restos do festim destruidor do legado dos nossos ancestrais. O descaro, a covardia, o medo das responsabilidades, a inveja, a ignorância abalaram os esteios sociais. À inteligência abafa-se porque poderá mais, ao mérito não se respeita porque ninguém o compreende; a honra despedaçam-na porque a honra ultraja o vício e a função da lama é macular. Os gestos generosos são torpezas, as palavras da Beleza despautério, o pensamento irrisão. Tudo rui, aos poucos. O país é um fandango de toupeiras que só sabem cavar e dilaceram e enfraquecem nos subsolos da terra as raízes ainda pouco profundas da nacionalidade, sem saber que dilaceram e enfraquecem. O pudor desbotou nas faces das classes e das instituições. Não há chefes. Eles são bonecos. No crânio, em vez de cérebro, há papelão molhado, o preconceito que a tudo se molda por não poder se suster só. Não há homens livres. Há escravos que traem e libertos que enganam. É o fim. É o sossobramento. A maior coragem é resistir solitário à tentação de ser infame no assalto em que roncam insultos a parodiar honra os patifes medularmente canalhas, atracados às gorduras e aos copos dos restos de orgia.

Mas vós desnastrais o riso da segurança, vós sabeis acolher os que em vós acreditam; vós conseguis incutir a coragem de resistir, à espera de vossa ação – vós que não tendes ainda o coração maculado e considerais o ideal a única realidade essencial.

Mocidade!

Creio em vós que refulgis como espada nova, como a lança sagrada do cavalheiro Percival[3], a única que o Senhor julgou capaz de conquistar o sangue do Senhor.

A vida é uma corrida de espadas. Da Acrópole onde estais, podeis ver a floresta rumorejante de aços que tinem. São as espadas que domam a terra e a fecundam, arados e enxadas e foices e machados, são as espadas que decepam árvores e ajudam as colheitas, são as espadas longas de lâmina ou curtas de estreito aço, direitas ou recurvas, achas, talhantes, cimitarras, lanças, adagas, gládios e toda a poliforme apoteose do aço que é o cenário do mundo, todo o segredo incompreendido desse tremendo elemento, desde que houve um mal contra um bem – morte e transfiguração, carnificina e glória.

De tal forma e tanto que a força maior dos homens divinos está na espada, que a posse da beleza depende do dardo, que a inteligência se apóia na lança e que em todas religiões, os raios são espadas de fogo dos deuses e que os arcanjos no livro dos livros, rutilam as chamas ardentes das espadas.

As escolas são acrópoles em que a mocidade acera o gume da inteligência, aprendendo a manejar ou os aços de guerra que matam nas operações sociais, ou os aços que dominam a terra com o número, ou os aços de cirurgia que salvam os mortais.

Vós, entretanto, estais no próprio templo da filha de Zeus[4], que saiu armada de casco, de broquel, de lança, do cérebro do pai dos deuses para fazer surgir da terra a oliveira de verde prata. A espada, metro da vida para os gauleses, é para vós duplamente espiritual: gume do entendimento aéreo e imenso, gládio da justiça pesado como a consciência que defende a raça.

Como ir bater a outra porta num instante de desânimo? Por isso voltei ao templo augusto, no desejo humano do reconforto. Quisera ter um estilo como o do Dante, em que as palavras são plasmadas de idéias e soam com o vigor uno da pedra, para vos ofertar o meu coração, para dizer a crença que me acalenta a esperança para clamar: tomai das espadas e revigorai a pátria!

Mocidade.

A pátria é o rei ferido. Nós em torno assistimos-lhas a agonia que é a nossa agonia. Mas entre vós está a lança salvadora, lança que trará o graal das virtudes.

Eu creio em vós, roseiral do mundo!

Eu creio em vós, esperança generosa dos povos!
Eu creio em vós, bem maravilhoso!
Eu creio em vós – Juventude, único Deus eternamente bom!
Mocidade!

Hora de arte

Amadeu Amaral (1914).
Foto de autoria desconhecida.

inal da conferência de Amadeu Amaral[1]. Há um momento de verdadeira efusão, um raro, um desses raros momentos preciosamente emotivos, que só a Arte e o Amor podem dar – mesmo nas sociedades menos intelectuais. É o maravilhoso instante fugitivo em que, sob a sugestão de uma obra de arte, sob o domínio do artista que sabe exprimir o seu sentir – todos sorriem, todos vibram, todos abrem os braços. Não há rivalidades nem picardias, não há pretensões nem esnobismos. Há, isto é, paira, uma parcela do espírito divino que vive como o fogo na pedra, no cérebro de cada homem; desce sobre a vida a harmonia da Beleza.

Amadeu Amaral é um homem alto, magro, sem gestos de evidência. Dois olhos de mar sob temporal, uma boca sem sensualidade. Parece tímido no trato. É apenas reservado. Tem uma porção de admiradores. Talvez acredite pouco nesses admiradores. É preciso fazer uma conferência? Faz a conferência. A casa está cheia de senhoras formosas, de artistas e de homens, que não pareciam antes ter preocupações de poesia.

Apenas Amadeu Amaral é um dos grandes poetas do Brasil, é o artista infinitamente delicado da *Névoa*[2], entre belos livros belos. Apenas Amadeu Amaral é o expressor de uma sensibilidade mentalizada, do idealismo sensível. Grandes poetas tem o Brasil, onde tantos poetas medíocres vicejam. Amadeu Amaral está à parte, sem mostrar afinidades por um ou por outro, criador de uma arte que é a arte feita da sua alma e do seu espírito, sutilíssimo e austero, profundíssimo e tênue. Ele pensa muito, ele sente muito e, de alma e de idéia formados, os seus versos dizem a harmonia infinita e indizível dos páramos.

A conferência é o hino em surdina da Árvore[3]. Amadeu fala. Alguns poetas fazem acordes de ouro ou de cristal nessa prosa-hino, em que as palavras vêm carregadas de intenções e desabrocham no ar divinos perfumes. É a oração ao Deus-Árvore, onde outrora surgiam as amadríades. É a sinfonia macia, polida e verde feita de suspiros de troncos, de carícias de ramos, de palpitação das folhas.

De repente, quando ele acaba, cada um de nós está acima de todos, suspensas as almas, são as harpas vibrantes em que as suas palavras entrelaçaram os sons do coração e os sons do espírito. E é, então, aquele raro final de conferência em que todos se precipitam sinceramente para saudar o poeta. No burburinho que cerca Amadeu, o sr. Coelho Lisboa[4] dá-lhe um abraço dramático. *Mle.* Rosalina Coelho Lisboa[5] mostra, com a autoridade dos seus jovens anos, que soube apreciar. Emílio de Menezes[6] está comovido. Alberto de Oliveira[7] acha os versos de Alberto de Oliveira com coisas novas quando recitados por Amadeu, *Mme.* Hilda Montenegro é radiosa. O dr. Inglês de Sousa[8], gravemente, aprova tanta beleza. E eu ouço duas lindas senhoritas a conversar com o elegantíssimo Olegário Mariano[9].

— Amadeu Amaral não é casado, pois não?

— Sim, minhas senhoras – e com filhos crescidos.

As portas têm a mocidade que arrebata sempre, quando têm essa coisa, cada vez mais difícil de encontrar: talento.

José Antonio José

No Automóvel *Club*

Vista do Anhangabaú. O edifício central foi
ocupado pelo Automóvel *Club*. Cartão-postal.
Foto de autoria desconhecida.

Chegar à querida cidade e ter a mesma impressão de encanto, de civilização, de apuro! Os automóveis reluzem, os *rotschilds*[1] rodam pelas ruas conduzindo senhoras encantadoras, os homens vestem com discreta elegância. E não há mendigos, como nesse colossal centro de pavores que se chama o Rio de Janeiro.

Uma outra sensação da elevação moral. A política atravessa uma crise. Homens eminentes renovaram a dissidência a propósito da escolha de candidato à presidência; dois secretários pediram demissão e os *leaders*[2] da Câmara e do Senado renunciaram aos cargos. Mas, de parte a parte, a mesma linha, a mesma correção de palavras de que os jornais são um reflexo. O jornalismo e a política mesmo em luta são cavalheiros. Atitudes decisivas e a boa educação.

Mas, eu deixo a política para depois e vou almoçar ao Automóvel *Club*.

O Automóvel *Club* é de certo dos *cercles fermés*[3] do Brasil o mais elegante e o mais ilustre. Os grandes nomes de São Paulo dão-lhe o renome aristocrático; e a arte faz do seu interior um dos sítios mais agradáveis. Todos os seus salões, todas as suas dependências têm o *confort*[4] e a opulência dos grandes clubes de Londres. A decoração, o mobiliário, o arranjo geral são de resto exatamente iguais aos seus homônimos de Londres. E a gente que o freqüenta encontra a cada passo o hábito desses ambientes – são perfeitos *gentlemen*[5].

Encontro à entrada Joaquim de Souza Queiroz, elegantíssimo.

– Quando a chegada?

– Hoje, pela manhã.

– Muitos dias?

– O tempo de sentir a mudança do clima.

Andamos um pouco pelo salão onde se está diante de um panorama esplêndido; vamos à biblioteca, paramos no *fumoir*[6], a lembrar Paris, onde várias vezes nos encontrávamos. Joaquim de Souza Queiroz cada vez mais jovem, eu cada vez mais velho, ambos perfeitamente contentes. Eu pergunto por José Paulino Nogueira[7], a alma da organização do Automóvel *Club*, o modelo da distinção e da elegância, cuja vida é um desfiar de dias luminosos. O Automóvel *Club* fez-lhe há tempo merecida homenagem inaugurando o seu retrato pintado pelo Rocco[8].

– José Paulino na fazenda...

Vamos então almoçar. O restaurante do clube é uma novidade. Está no magnífico bar, naquele bar mobiliado esplendidamente e onde só a mesa em que se servem as bebidas custou mil libras e fez alguém denominá-la o "altar-mor".

Vejo a almoçar o conde Sílvio de Penteado[9], que ainda há pouco escrevia no *Jornal* interessantes artigos sobre economia política; Edu Chaves[10], a nossa grande glória na aviação, que aparece com o seu físico de atleta e a bondade da alma a brilhar-lhe nos olhos vivos; J. Malheiros, de uma intensa alegria; o dr. Souza Queiroz com o seu perfil inteligentíssimo; Francisco de Oliveira Passos[11], o jovem Prates, enfim, o "Todo São Paulo" masculino.

O almoço é demorado. Há um delicioso bordéus e um *pillaff*[12], não como se faz em Constantinopla, mas como se fazia no Maxim's[13] antes da guerra. E a palestra é encantadora. Joaquim de Souza Queiroz está contente e a sua ironia a frio caricaturando recordações faz-me rir com prazer.

Afinal, são quatro horas da tarde. Tenho que sair, ir ver amigos da Câmara, dos jornais. Despeço-me. Ao atravessar a galeria vejo o eminente conselheiro Prado[14], que não falta nunca ao seu clube e a quem cercam do respeito que só São Paulo sabe ter pelas suas figuras veneráveis. E já na rua ao tomar o automóvel, é com grande prazer que aperto a mão a Washington Luís. O prefeito Washington Luís é a inteligência aguda, o espírito disciplinador que por onde passa deixa indelével o benefício da sua passagem. A quem se deve o exemplo que é a Força Pública de São Paulo? E na Prefeitura, lutando com todas as crises, Washington Luís age com uma tenacidade e um sentimento de arte raros.

Eu sou *washingtonista* antes de conhecer o prefeito, há bem uns oito anos, com a certa esperança de vê-lo ocupar cargos de muito maior responsabilidade no Estado e na União. O Brasil teria muito a lucrar se Washington Luís fosse ministro do Interior quatro anos.

Mas o aperto de mão é rápido. O prefeito entra no Automóvel *Club* e eu sigo através das ruas cheias de um povo alegre, sadio, bem vestido, nervoso – um povo que trabalha e parece não pensar em crises porque reage contra todos os abalos com coragem e com saúde.

José Antonio José

Música e danças brasileiras

Duque e Gaby.
Foto de autoria desconhecida.

–Um dos aspectos interessantes da platéia paulista é a sua tranqüilidade silenciosa diante dos artistas de que ainda não julgou os méritos. Pode aparecer o ser mais universalmente espantoso. A platéia paulista fica a ver antes como ele é. E daí o extraordinário valor do seu aplauso. É uma platéia que julga, que é sincera, que considera ainda a sério qualquer manifestação de arte e um público em cuja opinião podemos confiar...

Estas palavras dizia-me, num dos corredores do Municipal, certo artista entusiasta, enquanto caminhávamos para ver de um canto a estréia de Duque[1].

— E farão com esse elegante *danseur* [2] o mesmo?

— Como com um grande cantor, como com um grande poeta. São Paulo é como São Tomé. Por isso no Brasil os aplausos de São Paulo são os únicos que contam para um artista, seja ele qual for.

Realmente. Ao levantar o pano, diante dos dois dançarinos, houve algumas palmas apenas. E eu sentia a ansiedade, a angústia que os artistas devem sofrer diante da atenção respeitosa e tranqüila com que o público de São Paulo avalia o mérito de cada um para não cometer injustiças.

Apenas os dois dançarinos têm graça e elegância; são entre as provas de frivolismo e de fantasia airosa dos últimos tempos, realmente encantadores. Quando terminou a primeira dança, a platéia aplaudia com calor...

Fiquei sentado ao lado do amigo, que tão bem definia a platéia paulista, o resto do espetáculo. E enquanto esse par transatlântico mostrava entre aplausos as formas alegres das danças novas, pensei no Destino, que é o mistério terrível.

O Duque que víamos dançar tem para nós dois valores: fez a Europa aceitar como grande moda as nossas músicas populares e a nossa dança, tornou o maxixe[3] uma pequena obra de arte. É quase inacreditável a extensão desse trabalho, a colossal expansão das nossas cantigas graças ao dançarino patriota, aliás sem imaginar que obra lhe destinara a fatalidade amável. Na última e longa viagem que fiz à Europa até a ponta do Egito, vi bem o fantástico capricho da moda ou da sorte.

Em toda parte onde estive, estava Duque, estava o Brasil, estava o maxixe. Em Londres, vendo *ladies*[4] formosas esquissarem[5] o passo do apanha-balão[6] aos compassos do *Gostoso*, do Aurélio Cavalcanti[7], eu pensava com amargura no imprevisto da vida. E não me culpava. Ria como Mefistófeles das nossas compatriotas, os únicos homens do mundo que julgam suas danças imorais[8]. Em Atenas, no hotel de Inglaterra, sob a égide da Acrópole e da Pnix[9], enquanto a orquestra executava o *Vem cá mulata*[10] e um grego ávido caricaturava o nosso tango, eu erguia a alma aos deuses e aos homens que julgaram a dança a suprema arte da Conquista Humana. Mas o meu pasmo, talvez a minha saudade patriótica, vibrou uma noite em Constantinopla, ouvindo uma sinfonia tocar molemente o estribilho carnavalesco: "há duas cousas que me faz chorar"[11]. Que pasmo! Essa saudade foi talvez maior do que ler no Egito, em Heliópolis, para lá das Pirâmides e da Esfinge, um cartaz em francês: "*Mme*. Mira ensina o tango brasileiro do célebre Duque"...

Quantas lições nesse triunfo universal, de um rapaz desconhecido que sabia dançar as danças do seu país com inteligência e graça! Que motivo para a meditação humilhada dos menos vulgares! Como nessa apoteose subitânea da Europa, à beira do vulcão da guerra, pelas danças de um dançarino elegante e exótico – poderíamos remontar às civilizações antigas, aos conceitos gregos, pais espirituais de tudo quanto sabemos! Como o preconceito idiota de semicivilizados contra tudo o que é nosso caía diante dos sons lisonjeiros e inebriantes! Constantinopla não tem um representante do Brasil. Mas eu, único brasileiro, ouvindo aquela sanfona popular que repetia as cantoras dos *Petits-Champs* de Perge[12], não me sentia só, e sentia que a alma de minha pátria era cordial, era afável, era atraente, era melhor, muito melhor do que todas as outras, cujas canções ele tocava a sanfona perdida numa rua tenebrosa, pendente sobre a Gálata[13].

O patriotismo é como o primeiro amor que não se gozou. Basta uma voz para sentirmos o coração bater por mais que desejamos não pensar mais no primeiro amor. As canções populares são os segredos do amor da pátria. As danças são as tentações dessa amante que havemos de ter na pele, por mais que dela menoscabemos, por mais que tenhamos outras amantes. O hino é uma obrigação. É como a bandeira. É símbolo. A dança é gesto; a canção é voz – são filtros, tocam a alma. E é impossível não ser o sentimento da raça, ao ouvir, de repente, em terras longínquas a pobre música que teríamos vergonha de assobiar na nossa terra, nós que assobiamos as músicas francesas, inglesas, italianas ou húngaras. Andavam os gregos ensinando música como a ciência de todas as musas! Nessa ciência estão as nove filhas de Apolo[14] debruçadas para a sugestão dos homens.

Aquela música brasileira que Paris atirara ao mundo depois de recebê-la das mãos desse jovem desconhecido que todo o mundo agora conhecia, aquela música do frenesi do nosso carnaval, ouvida no silêncio escuro de uma cidade que ignora o Brasil, acordou a minha memória, prendeu o meu coração entre a saudade e a satisfação e eu encontrei-me fazendo um vago passo de dança perto do cemitério muçulmano e a murmurar como se dissesse o mais sensual verso de amor, como se comesse beijos de rosas, como se do crescente lunar caísse sobre o Corno de Ouro[15] e os minaretes das mesquitas o esplendor estelar do Cruzeiro do Sul.

– Até aqui o "nó da tripa e o batalhão naval"[16].

E ria, ria, ria silenciosamente como os soberanos que ouvem o seu louvor pelos que ignoram a sua presença. E toda a sombria e tortuosa cidade, as árvores do cemitério, os corvos que de Usküdar[17] vêm toda a noite para ali repousar, os miseráveis que passavam, e lá embaixo o Bósforo oleoso, tudo parecia participar dessa harmonia celeste que era a sanfona perdida tocando sem compasso o ímpeto jocundo[18] do nosso estribilho carnavalesco...

Que propaganda poderia ser comparada a essa subitânea ação do som brasileiro repercutindo e ficando na memória de raças diversíssimas? Que propaganda mais rápida do que essa que obriga como uma elegância, como uma doença a Europa inteira a tomar as nossas atitudes para exprimir o prazer?

Apolo no Helicon[19], entre as suas nove musas, fazia para o Brasil, através de Terpsícore[20], o milagre. Nem todas as nossas emissões juntas poderiam comprar à Europa o que esse dançarino conseguiu deslizando e reviravolteando: a atenção coletiva, permanente por um encanto nosso...

E essa indireta involuntária obra, Duque realizou-a realizando a apoteose do maxixe, das nossas danças nacionais. Frivolíssimo, querendo vencer no Centro das Futilidades os destinos, sobre os seus ombros atirara a alígera e alegre obra.

Ainda, ali, no Municipal de São Paulo, eu tornava a ver, encantado, o curioso par. Na platéia passavam sorrisos de agrado e a sedução era irresistível. A valsa que Duque e Gaby dançavam era como um correr de sílfides[21] adejando rosas por sobre uma planície enluarada, era qualquer coisa que lembrava a corte de Maria Teresa de Áustria[22] e tinha do entusiasmo do cortejo de Diana[23] nas metamorfoses de Ovídio[24]. Era um vertiginoso inebriamento em que a mente lembrava versos de Verlaine[25] e langores sensuais de pombas mansas. Aquele jovem de casaca, aquela pequena criatura de olhos cor de violeta faziam esquecer o mundo, sugerindo mil coisas do mundo, eram a sensualidade na fantasia e a valsa se irisava por eles de todo um íris de amor floral...

A diferença entre a valsa de Duque e a valsa que todos dançam é a mesma que pode existir entre um verso de Albert Samain[26] e um verso de um dos nossos poetas medíocres, entre o vôo de uma ave qualquer e o vôo luminoso de uma ave do paraíso. Era outra valsa...

Mas Duque e Gaby, após a valsa, apareciam no *two-step*[27]. De todas as danças modernas, nenhuma exprime tanto a alegria, o ímpeto juvenil, a bacanal da saúde. E esse galope dionisíaco só um compasso que parece a marcha acelerada da jocundez, eles o fizeram como se voltassem à existência, portadores da essência divina da saúde, que é o riso.

Obedeceram ao instinto do símbolo ou a um mero acaso? Ao acaso decerto! Mas, depois do *two-step*, vinha – o tango brasileiro, o maxixe.

As danças são expressões rítmicas da vida. As danças são estilizações caleidoscópicas do sentir. Todas as danças podem ser tudo que se deseja e defina. O maxixe, a arte da escrita e nenhuma outra arte puderam ainda retratar, porque nela se condensam coleios de serpente, entre gritos de sol, fulgurações de coleópteros em desmaios de ocasos, bocejos de pantera, jogos de sombra e luar, guizos de cascavéis e doçuras de pombos.

Nela estão todo o Brasil irreal que não sabemos sentir: o jorro das cascatas, o redemoinho das pororocas, o deslizar macio dos riachos, o arquejo das árvores sob a ventania e o beijo das parasitas à brisa, o cascalhar dos ofídios nas folhas aéreas e o grito sensual das onças esfomeadas, a acidez dos frutos ásperos e a doçura oleosa dos frutos quentes, ardores de pimenta sangue de espinhos venenosos, odores de magnólia e suspiros de violetas, o sulco dos abutres, o tatalar de asas, o arrulho de pombas, o zumbido dos insetos, o pio dos pássaros tristes, a alegria dos pássaros cantores, a vibração elétrica dos beija-flores em torno às rosas. Nela está a fatalidade do sertão, que faz da mulher a obsessão dos homens e faz nas cidades a tropa bamba dos tocadores de viola, dos miseráveis, dos desgraçados, que assim como as jibóias e as rolas, como as panteras e como os insetos; está todo o drama sensual da tentação e da posse de uma raça cuja terra, sob o gládio do fogo, do sol, imprimiu nele ao encontrar o primeiro homem e a primeira mulher: – soluço, gargalhada, gemido, uivo, grito, canto, espasmo – amor...

Como o mundo pudera compreender esse apocalipse sensual, esse fiorde dos sentidos, esse desespero da sensualidade?

Apenas através da inteligência, da elegância. Pode-se fazer viver um baobá dentro de um vaso de Sévres[28]. Com inteligência e elegância tudo é possível neste mundo. Duque realizou a obra de maravilha! A dança de Duque não é apenas o corta jaca, o cateretê ou o maxixe famoso dos centros carnavalescos. A dança de Duque é uma verdadeira criação, é um maxixe em que entram todos os passos e marcas de danças brasileiras, polvilhadas da graça e da elegância de Paris. Essa elegância, essa graça, essa luz especial de parisina talvez fossem o encanto que atraíra irresistivelmente a Cidade Suprema, sempre fácil e boa diante dos espelhos fugazes da sedução. Depois de Duque dançar eu não me admirei do *envoutement*[29] generalizado que lançara, há três anos todas as mulheres e todos os homens, novos e velhos, a tentar os mesmos gestos de Duque. Sobre a cratera sensual do maxixe americano falseava a rutilância espumante do espírito de Paris...

• • • • •

Instintivamente quis ver se a platéia sentia como eu ali no Municipal de São Paulo. E vi que, como em Paris e como em Londres, a dança brasileira era sagrada.

Então recolhi satisfeito. Na história dos imprevistos universais Duque é o dançarino patriota.

Infiltrou as nossas músicas em todo o mundo e fez da nossa dança um novo prazer da Civilização.

Um gesto para a história

"Boa sociedade" reunida nas
tribunas do Hipódromo da Mooca.
Foto de autoria desconhecida.

Na véspera, muito tarde da noite, dois amigos indagaram qual era o programa de mais esse seguinte meu dia de agitado repouso. Respondi:

— A parada, para começar...

Os dois amigos riram:

— Terás sol, terás calor, terás poeira! Vai, infeliz!

Fiquei hesitante. O meu profundo dom Francisco de Portugal[1] já disse, porém:

É ignorância esperar
Por outro tempo melhor
E no presente acertar
Convém sempre ao sabedor.

Se eu desejava ir à parada, por que não ir? Às 7:30 horas acordava, vestia-me à pressa e partia. Apenas na rua, vi, entretanto, que a maior parte da população desejava sol, calor, poeira. Não havia um automóvel desalugado, os carros elétricos seguiam apinhados, e pelas ruas a massa densa do povo dava à cidade inteira o nervoso aspecto dos acontecimentos que alegram, sob um sol de brasa. O céu de tanta luz tinha um brilho diamantino.

João do Rio

Quando cheguei à Mooca, o aspecto do prado era absolutamente empolgante[2]. O automóvel levou bem um quarto de hora para poder penetrar no prado e para chegar até a tribuna, senti quase o desespero de que chegaria no fim da parada. Era a gente, era o povo, era a multidão. Todas as dependências abarrotadas, todos os espaços atulhados. Depois de uma tremenda luta, consegui chegar ao topo da escada; depois de um esforço ainda maior, consegui subir essa escada e estava imprensado entre senhoras e cavalheiros que batiam palmas quando o Destino houve por bem que Oscar Rodrigues Alves e Eloy Chaves[3], dois ilustres amigos, me lobrigassem na posição do homem que morre por querer ver, e enviassem a gentileza do gentilíssimo ajudante de ordens Lejeune para ir à tribuna presidencial. Aí então, depois de respirar, depois de saudar o venerando chefe do governo, ao qual tanto devem todos os brasileiros, pude olhar.

Por que no Brasil os paulistas dão sempre esta extraordinária impressão de superioridade, que cada vez sinto mais à proporção que mais viajo e mais envelheço? Aquela apresentação não era apenas um esforço do governo; era antes a resultante de um disciplinado instinto de brilho e de bem. Parece que cada paulista tem no íntimo uma vontade superior a todas as outras: a de mostrar incomparável São Paulo. Os sentimentos que noutros pontos do Brasil encontramos isolados e dissolvidos na maré cheia de um ceticismo um tanto pulha, os paulistas conservam integrais, sem exagero, mas com tal força de projeção que, dias depois, o estrangeiro tem de respeitar São Paulo, tem de compreender haver na vida várias coisas, como o amor da Pátria, o amor da terra, o amor da raça, o desejo visceral do progresso geral pelo trabalho e o esforço de cada um. Esta força, composta de mil pequenas forças, impõe-se tanto que São Paulo é o único Estado que absorveu a imigração e não foi por ela absorvido. Portugueses chegados há pouco falam com o sotaque paulista; os italianos têm os hábitos paulistanos; o poder de agregação do núcleo é quase incrível.

Diante do maravilhoso quadro da parada, a psicologia da raça se apresenta no aspecto da coesão. Os paulistas não esperam guerra alguma nem são mais militaristas do que agricultores ou criadores. Apenas tenazes e conscientes, compreendem o patriotismo, a necessidade de se fazerem uma grande pátria. Há dez anos, após uma viagem a São Paulo, eu encontrei a fórmula do patriotismo americano: é trabalhar cada um continuamente para que o seu país seja igual aos países mais fortes e bem organizados. Esse sentimento está nas fazendas, nos sertões, nas cidades, nas indústrias e nas culturas, no povo e nos governantes. Não há velhos, não há moços – porque os liga a mesma ambição ponderada da marcha ascendente. Vejo a parada. Os soldados não estão formando mercenariamente. Cada um deles tem o prazer de brilhar na coletividade, de ser excelente na excelente Força Pública que é o exército paulista. Animam-nos o orgulho. Os maus, se os houve, foram postos fora. Cada soldado quer ser oficial, sabe ler, compreende, é consciente. A disciplina deu-lhes brilho às qualidades. Mas no imenso quadro, o presidente é um patriota interessado pela prova admirável como um simples particular: as autoridades nas tribunas interessam-se seriamente por eles, como as arquibancadas e o povo, sem nenhum perigo iminente aclama a segurança dos seus soldados, não como aos defensores possíveis, mas como os seus irmãos que na carreira das armas dão tanto brilho à Pátria como os outros em outras profissões. O entusiasmo é assim uníssono. Sente-se um ideal coeso, sente-se a Pátria. E a data nacional é, não um dia de descanso ou de divertimento, mas um grande dia de culto, em que cada um pensa com consciência no futuro.

Eu olhava sob a palpitação diamantina da luz a palpitação daquela turba em que se agitavam mais de trinta mil pessoas. Pela primeira vez sentia o Brasil compreendendo uma data da sua história, quando, de repente, limpo o campo dos exercícios de infantaria, vi que surgia dos lados da Estação do Norte[4], onde locomotivas silvavam – um batalhão, com grandes chapéus desabados.

— Quem vem a ser aquilo?, indaguei ao dr. Rodrigues Alves Filho e ao diplomata Silvio Rangel de Castro.

— Os escoteiros!, murmurou o segundo.

— Vão jurar bandeira... respondeu o outro.

Muito cético e menos entusiasta, eu senti que o ceticismo diminuía na proporção que o entusiasmo aumentava. Fora a Mooca ver um aspecto da raça e assistira a uma data histórica. Aqueles rapazes que vinham vindo cheios de garbo eram os primeiros escoteiros do Brasil que iam jurar pela Pátria!

Ninguém ignora que a idéia da reserva de homens moral e fisicamente sãos, que o pensamento de ligar a mocidade no nobre ideal de patriotismo que representam os *scout-boys*[5] foi uma iniciativa espontânea de paulistas sem nenhuma ligação oficial. Não há prova mais acentuada do sentimento permanente da alma paulista na obra incessante de formação do Brasil. Os paulistas viram os resultados que a adaptação inglesa dos transvalinos dava à Inglaterra e à França, compreenderam imediatamente o alcance dessa agregação da mocidade em torno de ideais generosos, e agiram.

Os jornais falaram dessa tentativa; o governo logo os auxiliou dando instrutores. E quiseram os deuses que o maior dos nossos poetas, compreendendo o elevado ideal, erguesse a sua voz generosa do seio de São Paulo, chamando o Brasil inteiro à obra de formação da Pátria nova[6].

Enquanto os rapazes avançavam numa apoteose de palmas, eu de novo indagava do mistério das fadas a razão de fazer São Paulo, pelos séculos afora, o núcleo da raça, a cidadela do ideal, o foco de onde partem sempre as transformações políticas e morais do Brasil. Que prodigiosa força e que extraordinário segredo! Essa mesma raça que, partindo de Santos, cantara São Paulo e correra o heroísmo das "bandeiras", desbravando sertões e desvendando a terra, descobrindo o Brasil até o Peru; essa mesma raça que imperava a resistência tácita ao domínio colonial; essa mesma terra que ouviu o grito da independência e fez a República e se abriu às correntes estrangeiras e plasmou os pioneiros da civilização no Brasil; essa mesma raça chamava o Brasil futuro a rebate no momento em que as esperanças parecem desfalecer. O ideal era o mesmo, o do bandeirante, como o do fazendeiro, como o dos que trouxeram do estrangeiro os confortos e o luxo: fazer a sua pátria igual às melhores. Essa gente tivera e tem por todo o Brasil uma força que cria os heróis – a fé. Fé dá coragem, dá alegria, dá saúde, dá resistência, realiza a impossibilidade do impossível. Ter fé em si mesmo ou no seu ideal é vencer mais cedo ou mais tarde. E quando todos os homens de um país têm fé na obra do seu próprio fortalecimento, a raça é a afirmação segura do triunfo. São Paulo tivera para a idéia surgida simplesmente o poderoso auxílio do grande Bilac. "A alegoria é o produto da certeza", disse Carlyle[7]. O poeta, chamando a postos a juventude, é o Tirésias[8] magnífico da fé que alevanta o coração paulista. E esses moços que marchavam a jurar pela Pátria já não representavam apenas um pugilo de entusiasmos adolescentes, mas a certeza de milhares de corações jovens, a vibração amorosa do futuro pelo imenso Brasil, rei de legenda opulento e desfibrado. Era bem a fé que salva, os portadores da certeza.

O clamor apoteótico, de repente, porém, cessou. Diante da tribuna presidencial, onde todos estavam de pé e descobertos, os primeiros escoteiros do Brasil entendiam-se em fila. Na atmosfera límpida víamos a turba estática e descoberta, as massas militares ao fundo, com os rifles e os clarins mordidos pelo sol e sob céu sem nuvens, no esplendor de luz a dupla linha móvel dos jovens. Um oficial, acompanhado de outros, vem carregando a bandeira. Fincou de um golpe o mastro na terra fofa. O pendão desenrolou, tremeu, desfraldou a luz do seu ouro e a esperança do seu verde aconchegando um pedaço azul do céu. Os oficiais desembainharam as espadas. Um deles adiantou-se para a dupla fila de escudeiros que, alta no centro, ia minguando para as extremidades, porque, já viris os do meio, eram os dos extremos quase crianças.

O oficial falou e, no êxtase atento de trinta mil pessoas, os escoteiros, num só gesto, estenderam as destras decididos, e uma só voz, composta de mil claras vozes moças, gritou no ar a fé coletiva da raça: – Juro!

Um sopro de vento abriu de todo a bandeira que tremia à luz. A falange generosa, guardando o mesmo gesto de jura, era como a frisa colossal de energia futura.

Então, foi o delírio, o delírio conservador das raças, o delírio que floriu Esparta e devia acompanhar os primeiros romanos. A multidão inteira batia palmas, sacudida de júbilo. Sons de clarins rebentavam no ar como os sons do sol. Senhoras agitavam lenços e ramos de rosas. Na tribuna presidencial as palmas estalavam numa alegria; embaixo, o povo, precipitado de encontro às cercas gritava entusiasmado pela mocidade. E quando, dois a dois, ao ruído metálico das bandas militares, os escoteiros desdobram-se em marcha, passando enérgicos e retos a saudar o Estado, eu pensei que todo o espetáculo da parada era apenas o cenário magnífico da apresentação dos jovens. A entrada da cavalaria, os seus exercícios admiráveis de precisão, os simulacros de cargas como em Saint-Cyr[9], o retinir das espadas, os reviravolteios dos clarins e, por fim, as descargas e aquela avançada de toda a força para a tribuna oficial, aos gritos dos soldados, pareciam-me o fecho de ouro desse ofertório da mocidade à Pátria.

— São os primeiros escoteiros. Já agora todo o Brasil terá essas legiões da juventude.

— Sem querer acabamos de assistir a um gesto histórico tão grande como os maiores que a Fé tem feito desabrochar na terra sagrada de São Paulo: — o juramento da mocidade, a maior e mais nobre jura de amor do futuro à Pátria!

E, sem querer, como toda aquela densa multidão que gritava e reclamava, redemoinhando embaixo, a mesma grave emoção nos agitava – emoção generosa, emoção de certeza, emoção de força, entoa os gritos dos clarins, os rufos dos tambores, o vozerio formidável que subia aos céus no maravilhoso clamor da luz ardente do sol...

Impressões de São Paulo

Largo de São Bento. Cartão-postal.
Foto de Guilherme Gaensly.

O que eu vi. O que é

Os meus ilustres colegas d'*A Rua*[1] desejam algumas impressões de São Paulo. Chego do grande Estado, onde estive desde o dia da cisão, da sensacional declaração da dissidência, até ontem. O meu primeiro desejo é escusar-me. Não se volta de São Paulo como da Conchinchina. Mas lembro-me logo dos jornais, do "efeito à distância dos telegramas", e mudo de opinião. Vale a pena trazer a um jornal de ampla informação um testemunho imparcial de quem não é político.

— Qual a impressão causada pelo rompimento político?

— São Paulo é, felizmente, um pouco diverso do resto do Brasil. As questões partidárias não modificam nem a administração, nem o povo. Os governos sucedem-se em São Paulo, e administração não sofre solução de continuidade. O povo trabalha para o seu próprio engrandecimento, e os governos são condutores de energias do povo.

Tenho estado em São Paulo em momentos melindrosíssimos para a política nacional. Os estadistas procuram as soluções sem violências e o povo não é de arruaças inúteis, manifestando-se a tempo e sobriamente. Há sempre o acordo das tendências do povo e dos governantes.

O gesto da dissidência, composta de homens de alto valor mental, foi um gesto sentido e deplorado nas rodas políticas, onde o renome de São Paulo está sempre acima de questões partidárias.

O venerando brasileiro conselheiro Rodrigues Alves envidou todos os esforços para que o pequeno grupo de homens ilustres não tivesse esse gesto. Realizado ele, porém, resta esperar que o tempo demonstre a sem razão da dissidência na oposição ao candidato do Partido Republicano – no qual todos são acordes em ver um homem probo, digno, ponderado e de grande preparo e inteligência.

Essa opinião acerca do dr. Altino Arantes[2] não é só dos políticos, é de todo São Paulo. Passeei pela cidade no dia seguinte à escolha, e em todos os pontos onde se falava dessa escolha era para acentuar a seriedade e a circunspecção de Altino Arantes.

Mas a indicação do candidato à presidência, com os rompimentos, as renúncias e todos os fatos politicamente sensacionais – demonstrou ainda o que é São Paulo como país organizado. A cidade continuou com o seu mesmo movimento febril; os teatros enchem-se todas as noites; a administração não sofreu abalo e atraso de despachos e na própria Câmara, onde estive em plena sessão, os deputados diziam:

– Você chegou quando estamos como sobre um vulcão!

Conversavam discretamente, referindo-se aos adversários com extrema urbanidade, mas interessavam-se de verdade com Campos de Jordão e as palavras de Assis Brasil a propósito dessa maravilha.

Na tremenda desorganização do Brasil o incidente político teria tido sessões parlamentares com bofetadas pelo menos e três, quatro edições de jornais. Em São Paulo os políticos pensam na sua pátria, o povo pensa nos seus interesses e a própria oposição tem linha, tem educação e não acha necessário dar públicas demonstrações de frenesi.

Em São Paulo eu só ficava alarmado, à noite, quando lia os jornais do Rio, que se referem à política paulistana...

– E a monarquia?

– A propaganda monárquica, partindo de São Paulo neste momento, é apenas uma *blague*[3]. Não uma *blague* dos monarquistas, mas *blague* de puro efeito oposicionista. Os cartões, as coroas, as missas são uma romântica nostalgia de homens muito dignos. Mas como propaganda isso não basta. Depois, os monarquistas paulistas são na sua maioria germanófilos, e d. Luiz bate-se pelos aliados. Não é bem o momento de proclamar a monarquia...

Para que o movimento monárquico seja a temer no Brasil seriam necessárias tantas coisas que o próprio príncipe ilustre que é d. Luiz não pode ter esperanças nestes anos. Depois, eles enganaram-se nas correntes gerais; foram pelo Marechal Hermes[4], prezaram a Alemanha como exemplo, estando o príncipe com os aliados... Os artigos que põem o "movimento" em relevo são, entretanto, interessantíssimos: agradam ao núcleo monárquico, dando-lhe a ilusão de que estão agindo; e mostram ao público a cintilação espiritual dos autores das notas em que a restauração surge como grave ameaça.

— Então a vida continua normal?

— Como lhes disse. Dada a demissão dos dignos srs. Moraes Barros e Vidal[5], os dois secretários que ficaram trabalharam mais um pouco apenas. Os secretários do governo em São Paulo não têm o prurido de desfazer o que os outros fizeram; realizam o ideal mais difícil de continuar a administrar, progressivamente. Agora, teremos até o fim do período Rodrigues Alves apenas dois secretários: Eloy Chaves, com o Interior e a Justiça; Cardoso de Almeida, com a Fazenda e a Agricultura. São ministros que estão às 8 e meia da manhã nas secretarias... E como as vagas na comissão foram preenchidas, assim como os *leaders*, nada haverá mais senão a justa mágoa de ver os representantes ilustres da dissidência isolarem-se de modo próprio.

Todos os brasileiros devem esperar e desejar que essa separação não seja longa, dado o valor pessoal do grupo dissidente. Todas as forças eleitorais ligam-se em torno do nome do sr. Altino Arantes. Não há quem não faça justiça a este nome. A razão da oposição foi dizerem a candidatura imposta pelo palácio.

Quem conhece a retidão de caráter, os sãos escrúpulos do conselheiro Rodrigues Alves e o respeito que lhe tributam os herdeiros do seu nome ilustre não pode ter dúvidas. O conselheiro Rodrigues Alves, quando presidente da República, realizou este quase absurdo nacional: nem ele, nem pessoa alguma de sua família fez um só pedido aos seus auxiliares.

O prefeito Passos[6] dizia-me meses antes de morrer:

— É um homem que está sempre acima dos cargos.

O sentimento de responsabilidade é no conselheiro tal que, a morrer, no governo de São Paulo, não se lavrava um decreto, não se passava um telegrama de que não tivesse ciência. Os secretários admiravam-se. Quando não pôde mais, passou imediatamente o governo ao seu sucessor, o ilustre dr. Carlos Guimarães.

Na sucessão, o sr. dr. Rodrigues Alves agiu com o mesmo escrúpulo. O nome do dr. Altino Arantes foi o indicado pela maioria das forças políticas do Estado. E tenhamos a certeza de que o governo do sr. Altino Arantes continuará fecundamente a obra exemplar da administração de São Paulo.

Um programa

Membros do governo de Altino Arantes, na posse em 01/05/1916.
Em pé (esq. p/ dir.): Cyro Freitas Valle, Afro Marcondes Rezende, José
Vicente Alves Rubião. Sentados (esq. p/ dir.): Oscar Rodrigues Alves,
Cândido Mota, Altino Arantes, Antonio Cândido Rodrigues, Cardoso de
Almeida, Eloy de Miranda Chaves.

"Dos vinte e seis anos de regime republicano, doze apenas logrou o Brasil em que desordem e susto, anarquia e pronunciamentos não foram norma: os três sucessivos quatriênios com presidentes paulistas. Antes tivéramos o permanente destempero. Prudente de Morais[1] recolocou os valores da Pátria; Campos Sales[2] refez o crédito; e Rodrigues Alves, indo além, criou o Brasil novo, o Brasil das avenidas, dos cais, do progresso, o Brasil que todos nós há dois lustros julgávamos enfim e definitivamente sem entraves na marcha rápida de grande nação futura.

Teria talvez sido assim. A ignorância e a ambição realizam sempre as surpresas desagradáveis e permanentes do Brasil. Sem ter por condutor o estado-estrela o nosso país mergulhou na inconsistência crepuscular da vontade Pena. E dessa inconsistência cheia de terrores resultou a catástrofe legal de quatro anos em que a Irresponsabilidade analfabeta só não destruiu no nosso país o que era impossível destruir.

São Paulo ficou. Enquanto o Brasil, afastado da direção dos seus estadistas, rolava caricaturalmente para trás. São Paulo continuou exemplo e modelo de um grande país organizado. E o exame de sua vida política e administrativa, do seu progresso material e da sua elevação moral, da iniciativa da raça e da firmeza dos dirigentes não é só para deixar como criminosos arrependidos a récua de oligarcas e salvadores que desgraçam os restos de Estados reduzidos a indigência de territórios com rótulos de autonomia.

É também, e principalmente, para mostrar a imensa diferença entre São Paulo, Estado organizado como uma nação séria, e o Brasil, país governado pela sarabanda como uma republiqueta do Pacífico.

Estas reflexões, que por patriotismo repito há tantos anos, voltavam-me à mente com a leitura da solenidade em que Altino Arantes leu a sua plataforma. São Paulo impunha-se mais uma vez, com princípios, com idéias, com firmeza, sem tergiversações, sem desmaios, senhor da sua vontade, pela palavra de Carlos de Campos, o portador da força coesa do partido na entrega da designação que elegia um moço, pelo discurso de Albuquerque Lins, em que São Paulo definia sobriamente o seu patriotismo ao lado do governo da União, e pelo manifesto programa de Altino Arantes, que destaca não só a elevada ponderação de jovem estadista, não apenas a inteligência da nova geração a que a geração de 89 entrega o facho da direção, mas principalmente sem demasias, sem exageros, com precisão retilínea, São Paulo, o admirável São Paulo nos múltiplos aspectos da sua vida moral, da sua ação prática e do seu incomparável aparelho administrativo.

Por que essa patente diferença entre os políticos do resto do país e os políticos de São Paulo? Como esse prodígio de compostura e vivo amor pátrio no despenhadeiro em que nós outros, o resto rolamos? Há talvez como resistência a força da continuidade. Mas o prodígio subsiste.

Para produzir a plataforma de Altino Arantes, como ela está feita, tendo em cada período lapidar uma idéia, realizando em cada parágrafo a cristalização de demorado estado, sintetizando numa peça política ao mesmo tempo o louvor sóbrio, o juramento de uma geração e a afirmativa de grandes esperanças realizáveis – são precisos fatores complexos. Em primeiro lugar a raça. São Paulo é um povo herdeiro de homens-guias, que continuou e conservou as qualidades típicas de arrojo, de firmeza varonil, de descortino e de cultura. É o único pedaço do Brasil em que os homens de agora podem falar, olhando de face o Passado glorioso. Nos outros Estados, salvo o Rio Grande do Sul, o passado ou nunca existiu ou já nada tem de comum com os contemporâneos. São Paulo é sempre o mesmo – continua.

Se a consciência da raça integra energias, o exemplo de uma administração – obra de sucessivos estadistas, talhados no mesmo ideal – dilata-as. Em São Paulo a política não é um assalto nem uma revista de ano com a apoteose a fogo de bengala. É um alto e árduo labor de condução de vontades. A vida política faz-se da conjugação de experimentados espíritos diretores e da tenaz força independente de um povo que sabe querer e sabe defender-se, tendo realizado no continente, de modo real, as maiores conquistas democráticas.

Onde, em outro ponto do Brasil, um futuro presidente de Estado poderia dizer as palavras de Altino Arantes? Mesmo com o talento, mesmo com a cultura e a grave e ardente noção das responsabilidades que caracterizam Altino Arantes, o candidato não teria razões para aqueles períodos cheios do Passado e de fé consciente no Futuro certo. Nós vivemos em arremessos hidrófobos, redemoinhando convulsamente em torno do poder. É um permanente período revolucionário, uma caricatura de horror que de longe causa riso e de perto causa medo. São Paulo continua. Serenamente. Exemplo incansável de povo, de administração, de governo, de raça, de Pátria...

O discurso-programa de Altino Arantes, escrito em admirável vernáculo, é, por isso mesmo, na exposição sincera do que pensa, um hino de orgulho por pertencer a gente de tal monta. Impossível o licopódio dos arrasa-salvadores da nossa agonia política. O próprio orgulho pessoal aumenta erguendo o louvor à tradição esplêndida. Se os próceres paulistas acharam conveniência "em cometer a uma geração nova, a um moço, a função presidencial, demasiadamente intensa e exaustiva", a mocidade falava na plataforma de Altino Arantes. E nós vemos que a geração moça de hoje tem os mesmos sentimentos de ordem, de firmeza, de patriotismo eficaz sem gritos, mas por obras, e a mesma compostura, a mesma fé da mocidade que há decênios subia ao poder com Rodrigues Alves, presidente aos trinta e quatro anos de idade.

Em São Paulo não houve nem haverá homens que prometam muitas coisas e não façam nada. As promessas são discretas e o trabalho contínuo, dia a dia, hora a hora, para o engrandecimento geral. Também ninguém chega com tenções de desfazer o que está feito só para se notabilizar, como costumam fazer sem temor da cadeia os desorganizadores dos nossos serviços públicos.

Antes, cada governo melhora a obra iniciada por outros governos, procurando arcar com a responsabilidade enorme de uma obra a continuar. Altino Arantes recebeu-a entoando-lhe o louvor. E o seu programa, o programa da sua mocidade, é, em síntese: – elevar São Paulo, pela educação do homem e pela cultura da terra, facilitando os meios de mais íntima ligação do homem e da terra para maior riqueza e maior prestígio de São Paulo.

Que mais belo programa, quando todos nós andamos às tontas imaginando outras formas de governo sem ter tido tempo senão para não experimentar a que nos rege? Que mais sábia declaração do que a grande fé laboriosa na terra que dá fortuna, na educação que dá coesão de ideais conscientes, quando o Brasil vê as suas terras ao abandono, milhões de homens sem o amparo moral dos governos como base de uma frisa onde centenas de bacharéis ignorantes esperneiam impunemente a retórica do disparate?

Altino Arantes é um democrata. Sem *meetings*[3], sem revoluções, sem o coronel Ananias. Vai tranqüilamente a pé pelas ruas, ouve toda gente, recebe quem lhe quer falar, age a favor da coletividade. Justiça ele a deseja como Campos Sales – julgando. Oposição ele a pede como colaboradora. Liberdade ele a assegura pelas leis garantidoras, e pela representação das minorias. Mas estes problemas propriamente morais dos governos, que nós discutimos todo tempo na nossa anarquia – são conquistas de São Paulo, serão a mesma atmosfera de agora e de sempre. A ação sobre o homem e sobre a terra, a maior adaptação do homem à terra é que se faz o sangue arterial, a força propulsora do seu programa.

O ensino é em São Paulo modelo desde Bernardino de Campos, e modelo cada vez mais apurado pelas sucessivas administrações. Altino Arantes acha-o quase completo nas zonas urbanas com tenções de melhorá-lo ainda, mas encara o ensino nas zonas rurais, e aí a sua ação pretende sanar uma falha de São Paulo, que é o mal colossal do Brasil inteiro disseminando o ensino primário e modificando os programas "no sentido de arraigar no espírito dos pequenos camponeses – tão facilmente atraídos para o bulício e para o esplendor das cidades, a convicção profunda de que é na agricultura, no amor e no trabalho da terra, sempre pródiga nas suas recompensas, que residem o bem-estar, a abundância e a prosperidade."

E com essa compreensão do problema econômico de preparo do futuro no ensino agrário, o aumento e a difusão dos institutos profissionais, preparando as gerações para as indústrias, em que a iniciativa dos paulistas tem sido tão brilhante. É o preparo do homem tornando-o cada vez mais apto. Ao mesmo tempo o preparo da terra tornando-a cada vez mais acessível ao esforço humano. E desse aspecto surgem múltiplos problemas: a grave questão da higiene rural a ser atacada imediatamente, a vontade de aumentar em intensidade a corrente que deve transformar São Paulo da monocultura para a policultura, o aproveitamento de zonas limítrofes dos Estados de criação para o incremento da indústria pecuária e o aparelhamento econômico da ajuda imediata aos agricultores, a absorção completa do elemento imigratório, enfim todos os grandes problemas que demonstram, a par das questões imediatas, a larga preocupação de um estadista na continuidade econômica do futuro da sua Pátria.

Cada uma dessas idéias asseguraria um governo. É sabida a resposta daquele argentino ministro da Agricultura aos repórteres ávidos pelo seu programa:

— Sentem-se. Escrevam, 1ª, bois; 2ª, bois; 3ª, bois. Não tenho mais nada a dizer.

Esse programa foi a fortuna da Argentina, assim como um bilhete de loteria de que ela sabia a terminação antes do grande prêmio, porque já a indústria pecuária em andamento dava fortes esperanças.

Em São Paulo, como o aparelho está montado e a cada quatriênio corresponde a obrigação do aperfeiçoamento de todos os maquinismos, a resposta para um presidente é muitíssimo mais complexa. Mas, certamente, com o princípio fundamental de elevar São Paulo, tornando o homem mais apto e a terra mais fácil ao trabalho humano, raros seriam os estadistas como Altino Arantes capazes de uma tão nítida visão, de uma tão percuciente noção das grandes obras a realizar, limpando as zonas rurais das endemias, ajudando a localização imigrante, ajudando pelo crédito a iniciativa dos agricultores, mostrando a necessidade do aproveitamento de toda a terra em variadas culturas, procurando para o futuro o equilíbrio da renda, tão variável na monocultura do café, e fazendo já o homem de amanhã um valor econômico consciente, um amigo da terra, um agente da fortuna pública na cultura do solo.

À leitura do programa de Altino Arantes, olhamos São Paulo como se olha o bem distante. São Paulo é Brasil, mas tão diverso do que vemos no resto do Brasil!... O ancião cada vez mais jovem de espírito que fez o Brasil moderno e vai entregar São Paulo a esse moço de tão altos talentos disse daquela terra que se orgulha de o ter como filho:

— A despeito das dificuldades que assediam os povos, São Paulo trabalha, resiste e confia.

Foi sempre assim. No Brasil eles sabem continuar a tradição da energia, enquanto pelo resto deste país os detentores do poder palhaceiam negatividades transitórias, numa verdadeira epilepsia de reclamo e desaforos.

A esperança, porém, traz-nos um consolo. Não desanimemos que o Brasil torne a ser o que chegou a ser sob a presidência de Rodrigues Alves.

Ergamos as mãos aos deuses e digamos com fé as orações finais do adamantino programa de Altino Arantes:

"— Confiarei sem reservas na altivez e na integridade dos paulistas, na sua força e na sua vitalidade.

Confiarei, acima de tudo, nesse maravilhoso espírito de iniciativa e de ordem, de entusiasmo e de perseverança, de trabalho e de patriotismo, que norteou o papel proeminente de São Paulo na origem e na evolução da nacionalidade brasileira, e que lhe acena, agora e para o futuro, à continuidade gloriosa desse fecundo ministério de paz, de progresso e de civilização, pela Pátria e pela República."

Ainda é um bem crer que a Pátria e a República possam apelar para São Paulo.

Os voluntários de manobras

Treinamento dos soldados da infantaria
e cavalaria da Força Pública (1910).

No Rio, eu tivera o prazer de saber que muitos jovens das principais famílias iriam alistar-se para as manobras. E o meu amigo dizia-me:

— Ninguém ignora que o serviço obrigatório tem tangentes tais como os especiais com menos de dois anos e os voluntários de manobras, que passam a reservistas após três meses de atividade. É preciso, porém, aproveitar o sentimento que está no ar. Para quem encara o problema socialmente – a necessidade de um exército nacional como elemento formador de uma nacionalidade consciente, só há de fato o serviço obrigatório capaz de fazer um exército renovadamente jovem e uma pátria que desde moça tem a noção clara e precisa da vida. As linhas de tiro, os exercícios dos colégios, as associações defensivas são elementos preparatórios da opinião. Mas não bastam. É preciso o serviço militar dos países fortes. Tentemo-lo por todas as formas. Os voluntários de manobras sob uma etapa. O reengajamento, já tão obstruído, acabaria de vez, e teríamos um exército novo, se todo o país fosse reservista.

— Essa obra leva?...

— Talvez vinte anos, se não mais...

Estávamos no comando da 6ª região, à rua Brigadeiro Tobias, em São Paulo. O meu amigo levara-me até lá para observar o entusiasmo da mocidade paulista, acorrendo à chamada. De fato, no momento em que entrávamos, saía uma comissão de acadêmicos, que fora solicitar o aumento do alistamento.

— Dois mil voluntários teria a 6ª região, se quisesse.

— E quantos são precisos?

— Duzentos.

O comandante da 6ª região, general Campos, assim como o capitão Martins Cruz, está ausente em Mato Grosso. A 6ª região, com sede em São Paulo, compreende São Paulo, onde estão ou devem estar o 53º, o 3º de artilharia, o 1º esquadrão do 2º de cavalaria; o Paraná, onde em tempos normais estão o 4º e o 5º regimentos de infantaria, a 2ª companhia de metralhadoras, o 2º regimento de cavalaria, o 4º grupo de artilharia montada; Santa Catarina, com o 54º de caçadores; Goiás e Mato Grosso, com o 13º de infantaria, o 3º de cavalaria, o 5º batalhão de engenheiros e o 13º grupo de artilharia montada. É por conseqüência uma vastíssima região e, das sete em que se divide militarmente o Brasil, aquela que nos últimos tempos mais tem sofrido da exploração política e das ambições dos Pedro Celestino ocasionais.

Os oficiais que estão no comando são o coronel Frederico Rosane, os ajudantes de ordens 1º tenente Brasílio de Castro e 2º tenente Pedro Campos, o chefe do serviço de engenheiros, capitão José Antonio da Fonseca; o chefe do serviço de saúde, tenente-coronel Luiz Correia de Sá; o tenente-coronel intendente José Pinto Fernandes e o encarregado do registro, 1º tenente Teófilo Cruz.

Esses senhores são amabilíssimos, mantendo uma segura linha militar e dando um pouco o exemplo do espírito de sacrifícios que a oficialidade brasileira dá pela sua cultura, pela sua decisão, pelo amor com que mantêm um espírito ainda não compreendido no Brasil.

Realmente. A mocidade paulista correu à chamada. Filhos das principais famílias, de Cândido Mota[1], secretário da Agricultura; de Herculano de Freitas, de Freitas Valle, um deles Cyro Jacques[2], rutilante inteligência, ocupando lugar saliente junto à presidência do Estado, foram pedir para inscrever os seus nomes como voluntários. Paulo, filho do presidente Altino Arantes, queria inscrever-se sem ter idade para isso. São Paulo é sempre São Paulo – o *leader* da Pátria.

— Estou muito contente com esse entusiasmo, diz-nos o coronel Frederico Rosane. Vou transmitir ao ministro da Guerra o pedido da comissão de acadêmicos. Mas será atendido? Para fazer manobras é necessário agrupamento de forças. A situação anormal de Mato Grosso fez-nos espalhar soldados ao longo da via férrea, desde as barrancas do Paraná. Marcadas para outubro, essas manobras poderão realizar-se? As comoções intestinas modificam assaz uma corrente coletiva que era preciso aproveitar. Há também batalhões que a falta de verba fez desaparecer, preenchendo os claros de outros e estabelecendo um assustador superávit de inferiores com divisas, espalhados com dificuldade em outros batalhões.

— O efetivo dos batalhões?

— Estaria completo quando quiséssemos. Mas, para fazer um exército que seja o expoente da nacionalidade e seja jovem, com camadas preparadas em reserva, é necessário o serviço obrigatório.

— O sr. coronel é também de opinião contrária aos reengajamentos?, indaga o meu amigo paulista.

— Eu sou por uma idéia que já foi considerada militarista, mas é absolutamente antimilitarista, isto é, soldado não deve ser a profissão de alguns, mas o serviço patriótico de todos. Tomemos por base, no serviço obrigatório, a média de idade entre dezoito e vinte e um anos. É o momento em que o homem, mesmo num país de precoces, ainda não tem posição definida, encargos graves, responsabilidades. Pensa em tomar uma profissão, mas termina ainda a sua educação. Pode ter uma vocação, mas, na sua alma, as aspirações são tumultuosas e vagas. E, por isso mesmo, nenhuma outra ocasião encontrará o país para o fazer seu e nenhuma outra ocasião encontrará ele para, sem prejuízo próprio, completar a sua educação, pagando a sua dívida com a Pátria.

Lucram os três: cidadão, exército, Estado. O cidadão faz, em dois anos, um curso de disciplina cívica e de vida sã. O exército é um exército que se faz preparador de homens e que se renova de dois em dois anos, deixando de um lado os reservistas, absorvendo de outro os que têm de iniciar o curso. O Estado, porque, assim, obtêm um exército e forma um povo, com idéias de obediência, de disciplina, de coletividade, de amor à Pátria.

O meu amigo interrompeu:

— É o que muito faz a Argentina. É o que faz o Chile. Apenas, quando se trata de coisas sérias, há nessas duas Repúblicas espírito de continuidade – o que só se vê no Brasil em São Paulo. Lá os efetivos são realidade. Cá nós encontramos como única parede da Pátria o esforço herculeo da oficialidade, disciplinada, chita, ardente, querendo, enquanto os governos se sucedem contradizendo-se uns aos outros, transformando, reformando – sem que se pense de fato no exército...

– Ah! isso não, diz o coronel Rosane. Pensam no exército para dirimir contendas internas, para garantir. É quase uma doença. Diariamente recebo pedido de força para garantir – o quê? Tudo. Há, por exemplo, um pedido de força para garantir o alistamento militar... Que idéia tem esse homem do exército que não foi ao chefe de polícia local, não pediu garantias ao governo do Estado?

– É ainda a minha idéia. Não se pensa no exército, que deve ser um exercício de todos os brasileiros e, por conseqüência, não se sente a coesão patriótica que forma as nacionalidades. O exército fica sendo – com os admiráveis oficiais que nós temos – agora, principalmente no interior, clava de domínios transitórios e de apaziguador de conflitos que só existem porque nos falta patriotismo, isto é, o sentimento coletivo de querer a sua Pátria igual às maiores.

Já havia algum tempo tomávamos o tempo à distinta oficialidade.

– Então o pedido da comissão acadêmica para se aumentar o número de voluntários para São Paulo não será atendido?

– Eu transmito-o ao sr. ministro. Há, entretanto, a dificuldade da situação dos corpos da 6ª região e há o terror das verbas. Não há verbas para transporte, para manutenção. Mesmo os que vêm fazer vida de soldado sentem empecilhos... O Brasil é um grande país. Mas todos os brasileiros devem compreender que é chegado o momento de pensarem todos no Brasil.

Na rua, diante do palacete do comando, o meu amigo pensou alto:

– Recusará o ministro da Guerra atender ao pedido generoso e patriótico da mocidade acadêmica de São Paulo? Ainda outro dia um jovem que pensa, o sr. Georgino Avelino[3], fazia notar aos homens de governo que a ciência do estadista está em saber aproveitar as correntes dos sentimentos. Veja o que São Paulo fez com os *boy-scouts*, veja como agem os administradores de São Paulo. Eu estou certo de que o governo do Brasil será um grande culpado, não das acusações dos jornais, mas do anátema da história, se não souber conduzir o grande sentimento nacional, o imenso ímpeto patriótico. O ministro da Guerra há de satisfazer aqueles que desejam o voluntariado das manobras.

Fazia muito sol. A rua estava deserta. Eu sentia como uma desolação.

O exemplo

Jardim da Infância.
Foto de autoria desconhecida.

"**S**er do seu país, se não é instinto, que profissão pode ser? Não se é filho nem irmão profissionalmente. A gente é da sua terra, como do seu sangue"...

Estas palavras de um pensador ardente, eu as vejo simples no olhar dos homens que passam na rua. Estado de migrações várias, Estado onde se conseguiu adaptar o colono com garantias como em nenhuma outra parte da Federação, o elemento nacional, a inteligência plasmadora do seu povo é tão forte – que cada vez mais ele é o coração do Brasil. Os grandes dias de festa nacional, eu os passo sempre em São Paulo. Impele-me tudo quanto possa ter de nobre o desejo de sentir os sentimentos admiráveis. Nada mais triste que a comemoração de uma data nacional com as ruas desertas, um aspecto de domingo em repartição pública pairando sobre a cidade. São Paulo faz sempre o contrário, naturalmente, sem excessos. Basta sair, dar alguns passos, compreende-se a harmonia dos sentimentos. A glorificação da data é um dever aceito com fervor pelo governo e pelo povo. Em França não há ninguém que não seja francês a quatorze de julho. Em São Paulo, não há estrangeiro que não sinta a segunda pátria, a atmosfera de entusiasmo. Hoje, dia 7 de setembro, mais do que nunca, eu penso no instinto da pátria e naquela frase de José Bonifácio, que desejava a pátria uma "peça inteiriça".

Foi aliás desde cedo e até à noite uma extraordinária lição de civismo, como inspirada no gênio tutelar do Andrada, uma lição em que o povo e governo eram professores a incitar a certeza das crianças e da juventude. Todas as escolas dos bairros, todas as escolas do vasto Estado, em todas as cidades, comemoravam a independência. Eu fui à Escola Normal, onde se dá ensino a mais de três mil pessoas. E nesse palácio da educação, as sensações de carinho e de inteligência fundiam-se num profundo e nobre sentimento de beleza moral. Estavam todos os professores, essas grandes dedicações modestas, formadoras, da alma jovem. Estava o secretário do Interior, o sr. Oscar Rodrigues Alves, professor, cujo esforço rútilo se volta inteiramente para o incremento da grande obra de ensino; estava o secretário da Justiça, sr. Eloy Chaves, impetuosa força de vida ativa que tornou definitiva e modelar na América a polícia de São Paulo, e que já foi secretário do Interior. Estava o sr. Cândido Motta, exemplo do *self made man*[1], secretário da Agricultura e professor. Chegara a pé, discretamente o presidente sr. Altino Arantes, que deixara a secretaria do Interior para dirigir com a sua luminosa inteligência os destinos de São Paulo. Era assim a festa, com todos os fatores da formação daquela juventude. Presidente, secretários, professores percorreram todas as salas, desde o jardim da infância até o grande salão das solenidades dos normalistas. E desde as criancinhas de quatro a seis anos que recitam e conversam e marcham contentes, querubins de Murillo[2] descidos do céu, desde os petizes das escolas anexas que fazem discursos e mostram uma disciplina encantadora, até às senhorinhas que vão ser amanhã professoras e aos rapazes que se preparam para o alto dever de ensinar, admirei não só o flagrante da beleza física das gerações em preparo, não só o sentimento de livre disciplinamento, em que cada um ocupa o seu lugar consciente do seu lugar, como principalmente a coesão moral para a transformação do mesmo ideal em realidade. Não há discursos de professores, não há nenhuma dessas manifestações de incontinência verbal tão próprios do continente. Mas todos sabem que estão ali reforçando, preparando, continuando uma Vontade – aquela milagrosa vontade paulista, de que José Bonifácio foi um dos símbolos mentais. Os rapazes, as meninas falam com o olhar. Cada um parece dizer:

— Tenho de ser assim, nós queremos...

Por isso, os rapazes e os meninos, as raparigas e as criancinhas mostram o mesmo alegre sorriso de segurança, o mesmo ardor contido.

É como se estivéssemos em certas escolas da Suíça, no pátio, onde os pequenos cantam ou fazem evoluções; é como se estivéssemos em certas universidades inglesas ou em escolas alemãs, diante da verdadeira festa literário-musical dos normalistas em que o maestro João Gomes[3] mostrou um orfeônico de trezentas vozes, só comparável a alguns de Munique, pela beleza da expressão.

Apenas, festa de civismo, dia da independência, os pequenotes do jardim da infância brincavam, aprendendo, em torno do motivo Pátria, as crianças dos outros cursos cantavam os hinos pátrios, os normalistas repetiam esses hinos e recitavam versos em torno do mesmo assunto. E, por todos os lados, nas paredes, nas colunas, nos galhardetes, retratos de José Bonifácio eram como as marcas inumeráveis do espírito que ali os reunia a todos.

Quando o presidente e os secretários saíam, as crianças, os rapazes atiravam-lhes braçadas de flores. O presidente estava comovidíssimo e sorria. Os secretários tinham na fisionomia a satisfação. Era a certeza de que São Paulo de amanhã continuará com o mesmo sentimento, com o mesmo divino instinto de querer a sua Pátria igual às maiores. Ao mesmo tempo em não sei em quantas mil escolas do território paulista a mesma festa se realizava e os mesmos hinos patrióticos subiam no ar...

Depois da comemoração escolar seria impossível pensar senão na festa da independência. O presidente saía da Escola Normal para assistir, na avenida Paulista, diante dos bustos de Tiradentes, Pedro I[4] e José Bonifácio, o desfilar das escolas, das linhas de tiro, dos *boys-scouts*. Muito habilmente, governo e povo faziam o dia inteiro de devoção das crianças e da juventude. Antes de qualquer outro Estado, São Paulo compreendeu a necessidade das linhas de tiro, que o governo passado fez parecer com receios infundados. Antes de qualquer outro Estado, o povo prezou a idéia do *scoutismo*, traduzida pelo sr. Mario Cardim[5], da Inglaterra, onde, graças a esse preparo, *lord* Kitchner[6] pôde organizar quase de repente um exército eficiente de alguns milhões de homens. E o governo de São Paulo acolheu, ajudou o *scoutismo* – escola de patriotismo. Assim, o dia do grito da independência, era São Paulo intera a incentivar o garbo da juventude.

A multidão enchia a avenida – multidão onde não se vê um homem descalço e sem gravata. Quando o presidente e os secretários chegaram ao *belvedere,* o hino nacional explodiu junto ao palanque, ecoou para a direita, para a esquerda, espalhou-se num clangor confuso por toda a perspectiva. Depois, de repente, um súbito silêncio, uma corneta vibrou aguda e, como elevado na chama dos aplausos, ascendeu ao topo do mastro, que guardava os bustos dos fatores da independência, o pavilhão nacional.

Então, após a palavra do sr. Pedro Prado, começou a desfilar. Eram as linhas de tiro de Santos e de São Paulo, os rifles floridos, ao som impetuoso das marchas de guerra francesas; eram as escolas, os colégios que, a cantar cantos heróicos, atiravam rosas aos bustos, eram as escolas reunidas no 7 de setembro; foi a fulgurante passagem dos estudantes do Colégio Salesiano[7], sob as palmas da multidão; foi a aproximação, a chegada, a passagem dos *boys-scouts*, cujo número pode ascender dentro de um ano a cem mil. No alto dos topes as bandeiras cor de ouro e cor de esperança drapejavam no ar o céu do cruzeiro do sul. No *belvedere*, todos os representantes do governo. E entre as palmas da multidão, na avenida, num clangor de cantos patrióticos e de hinos, a mocidade, o futuro num ímpeto fervoroso que se fazia disciplina galharda, diante dos três bustos.

No clamor imenso, eu olhava os três bustos. Tiradentes, D. Pedro, José Bonifácio, três expressões das tendências do Brasil e uma só indicando o coordenador da nacionalidade: São Paulo. Certo, Tiradentes morrera no patíbulo, vítima de um sonho de poetas. Mas o sonho foi na sua alma a labareda das revoltas desequilibradas, dos desesperos das pequenas inteligências, alma do Brasil nas revoltas. Com homens como Tiradentes, o Brasil teria um rosário de mártires sem eficácia. Certo, D. Pedro gritou: Independência ou morte, no Ipiranga – o sítio transfigurador de todas as partidas de conquista moral e física do Brasil. Mas D. Pedro era a pequena inteligência afundada no jorro das impetuosidades e das inconstâncias. O Brasil poderia ter vários D. Pedro e jamais teria realizado a independência. Era precisa a inteligência avisada e prática e sóbria e tenaz, o homem que pensa, estuda a idéia, age depois decidido, sério e ordeiro, o conquistador conservador – o ser nascido naquele planalto sagrado, caminho de Damasco, onde a fé arde perene, de onde partiram os demarcadores do Brasil: — era preciso o paulista. José Bonifácio tomou a idéia dos poetas, afogada no sangue de um desesperado, agitou no momento os homens e as coisas, fez desses elementos o círculo de ferro do ímpeto de D.

Pedro de Bragança, esse D. Carlos[8] sem cultura. E D. Pedro falou o que José Bonifácio resolvera:

— Independência ou morte!

Quantas vezes, depois de José Bonifácio e para a salvação do Brasil, São Paulo não tem dado, através da nossa curta história, a palavra de conquista conservadora, a ordem convincente que retém o delírio, o conselho que obriga a recuar do abismo? Ainda naquele momento aquela continuação de festa cívica, aplaudindo a genuflexão do Futuro diante do Passado, não era o aviso exemplar, a prova conservadora, o culto exemplo, o desejo de remir a Pátria nos mesmos sentimentos, de integrar a nacionalidade diante do desastre a que nos arrasta o guincho insultante dos desmanteladores de valores e o ceticismo dos sem cultura?

— "A queda do respeito é a dispersão das forças, como de uma cidade de muralhas estreitas a pilhagem é a morte dos melhores."

José Bonifácio pensava com a alma de São Paulo. Os seus estadistas têm ainda essa alma e agem para guiar sempre o instinto da raça, que é a força vital das pátrias. Aquela lição de civismo, disciplina da inteligência à corrida do futuro, era como as grandes fogueiras, que outrora, nos montes gregos, assinalavam e falavam na treva por clarões. A mocidade curvava-se diante de três bustos, tendo no peito apenas o coração do patriarca. E, por isso, para o seu brilho olhava confiante o povo.

Mas o dia, que acabara assim, precisava ter a apoteose da noite, a apoteose da vigilância do presente, o fulgor de custódia que se abrira, à luz do sol, mostrando a floração da juventude. E então, à noite, pelas ruas apinhadas de gente, levadas como em baterias pelas marchas militares, os batalhões da força pública correram com fachos na mão até o largo do Palácio e aí, diante das janelas governamentais, ao clarão de milhares de balões e de achas em fogo – soldados e a multidão cantaram os hinos da Independência, da Proclamação da República. Na noite escura, às lufadas do vento, chamas dançavam como um incêndio sobre o qual bailavam os balões luminosos com as cores nacionais, todas as bandeiras do dia feitas estrelas guiadoras de um único ideal. E ninguém jamais poderá dizer a estranha, a dominadora, a imensa impressão de fervor diante desse oceano ardente, de onde subiam aos céus, entre fanfarras e chamas, sob a ânsia de milhares de bandeiras em luz, os hinos inebriantes de amor à Pátria.

— "A gente é da sua terra como do seu sangue."

Nesse dia de ouro da independência o grande Estado dizia ao Brasil, diante da ara do Passado, com o respeito do Presente e certeza no Futuro, a lição exemplo – cada homem de São Paulo foi, é e será da sua Pátria, como de seu sangue.

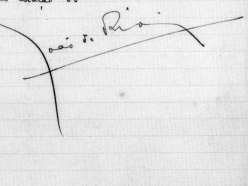

Freitas Valle, o Magnífico – mestre e senhor!

Carta de João do Rio para
Freitas Valle. São Paulo, s/d.

Há no baixo salão da adega, cujas paredes se afestoam de folhas de vinha, um súbito silêncio. Músicos, pintores, escultores, poetas, cessaram a vozeria alegre.

— Ele vê tudo, sussurra uma voz.

— *Il a l'oeil du Maitre*! Sorri Xavier Leroux[1].

Freitas Valle, porém, estendeu autoritariamente o braço. A sua fisionomia incisiva e forte, que tem de César e tem dos margraves, arde inteligência e saúde. A ironia de seu lábio é riso, o seu olhar azul e direito e bom. Naquela sala estão figuras ilustres da política, da arte ao lado das esperanças da mocidade, cujo apoio único é o incentivo sem desalento do Dono. Freitas Valle[2] vai falar.

— Todos nós sabemos que você não fará discursos, diz ele. Primeiro, porque você não quer discursar; segundo, porque nós sentimos não poder ouvi-lo.

Um grande riso rebenta. Os homens já notáveis e os candidatos a notáveis riem como crianças no recreio de uma escola. Alguns cantam, batendo com os talheres. A palavra do Senhor desencadeou o frenesi. Ninguém mais se entende nas quatro mesas cheias, servidas por criadas de touca branca à holandesa, em pratos de faiança antiga da Holanda. Estamos num dos "simpósios" da Villa

Kyrial, num dos almoços de domingo, que aos artistas amigos oferece José de Freitas Valle.

Freitas Valle! Uma figura de Huysmans[3], a expressão real do sonho do *À Rebours*? Não. Uma figura complexa, cheia de tal força, que a gente folheia os romances da *Comédia Humana* e sente que Balzac[4] já não exista para fazer-lhe a biografia imperecível. Nada de mórbido. Uma saúde, um equilíbrio nervoso de *duce* romano no começo do império. E nessa plenitude de músculos e de bom senso, nessa envergadura máscula, cujo maior prazer é erguer, amparar, proteger – uma sensibilidade tão sutil, que é como o som harmônico de todas as sensualidades diante da Beleza. Teria sido assim Mecenas, a que o Horácio discretamente fazia versos? Teria sido assim Petrônio[5]? Foi assim o imperador Adriano[6]? Na América do Sul, no convulsionado começo do século, numa terra e numa civilização em que o refinamento nunca é qualidade do equilíbrio – a sua figura marca exatamente pelo acorde de qualidades contrárias em aparência. Nesse momento entre artistas ele sorri despreocupado. Ontem estava na Câmara deputado: no seu escritório, advogado tratando de coisas práticas, de causas do foro, de pedidos políticos. Falou, discutiu, convenceu com bom senso. A sua influência social é assim duplamente eficaz, pela ação civilizadora com que faz considerar os artistas, pelo brilho que essa consideração empresta a quem a dá.

O movimento artístico de São Paulo, as correntes do bom gosto, as tendências, o auxílio aos artistas feitos, a ajuda aos principiantes têm sempre, sem que se perceba, origem na sua vontade de ferro, generosa e decidida. O advogado, o político, o deputado, o homem relacionado, ligado a todos os próceres, vivendo com eles vida comum, torna-se externamente *dilettante*[7] entusiasta, aprecia e louva com a sociedade, como a acompanhar o gosto dessa sociedade, que a sua sensibilidade apurada guia. Ninguém imagina a obra de elevação mental, o trabalho ciclópico de Freitas Valle, quando o vemos com a voz de comando, o gesto de forte carícia, o ar irresistível a lançar os artistas, a vencer um auxílio a pensionistas de arte, a estabelecer a corrente de uma opinião estética.

– Você já foi à exposição? Mas é possível deixarmos um rapaz com aquele talento ao abandono?

Parece alarmado. O fato transforma-se em calamidade coletiva. Ele é o *dillettanti* que apenas exprime a opinião geral. Essa opinião fá-lo por consentimento tácito seu representante, auxilia-o, acompanha-o depois nos combates de imposição e de louvor ao mérito. E ele age como se cuidasse de coisas insignificantes nos intervalos da vida ativa. Os artistas são-lhe gratos; os homens de espírito respeitam as belas idéias a que ele dá a forma executiva de decretos. E a sua casa, a Villa Kyrial, onde os seus filhos são educados no largo ambiente são da inteligência, é como a Academia de Arte de São Paulo.

Curiosa academia! A ela vão os jovens cheios de timidez e de sonho, certos da desvanecedora atenção que ainda ninguém lhes deu, os maiores gênios que passam pelo Brasil e lá se encontram em sua casa, os artistas brasileiros, cada vez mais exilados num país onde o parasitismo político fenece o culto à beleza, os homens de espírito, os homens de talento, os políticos, os estetas na atração de uma hora imprevista que os repouse da crispante vulgaridade. Ainda aí José de Freitas Valle não se descobre completamente. A academia para os simples visitantes é como os arredores de Elêusis[8] para os não iniciados – uma luminosa palestra em que se aprecia sensualmente a correspondência dos sentidos, segundo os versos de Baudelaire e os versos de Augusto de Lima[9].

O Dono e Senhor da casa vive uma vida romana, mas agudamente sensível. Cada um sai com uma impressão. A sala de banho de Freitas Valle, vasta como a dos Césares ou a dos imperadores da índia; os vinhos espantosos de Freitas Valle, a coleção de poetas da biblioteca de Freitas Valle, o órgão do salão, uma casa que é como uma pinacoteca, os cardápios de iguarias inéditas, os perfumes... Sem querer, cada um aprendeu alguma coisa, sentiu a harmonia da vida na delícia de viver com delicadeza, compreendeu a correspondência dos sentidos na luz da inteligência. Naturalmente. Não sofrendo o choque da pretensão. Como se a vida inteira não pudesse deixar de ser assim.

– Freitas Valle! Mas é prodigioso!

Ele o é de fato na intimidade, realizando a vida como um estranho poema de aperfeiçoamento. Os poetas publicam os seus versos com o desejo da fama. Ele compõe versos que são como auto-agentes da emoção em torno das figuras simbólicas da vida, versos de uma simplicidade que recorda os *trouvéres*[10]. Imprime esses versos simples em papéis raros, com tipos mandados fundir especialmente, faz deles edições de alguns exemplares e só os lê aos muito amigos. A lágrima é um aperfeiçoamento. Os seus versos fazem chorar.

Há homens que sabem beber e gostam de bons vinhos. Ele religiosamente compreende o vinho como a exaltação do paladar, como a visão gustativa da perfeição.

A sua adega é como a orquestra do gosto, em que ele executa prelúdios e sinfonias. Há de beber e há de degustar. Pelas salas baixas da adega dormem numa temperatura sempre igual, faça calor ou frio, os vinhos veneráveis – os vinhos de Borgonha, que têm a cor dos cravos rubros ao murchar, os vinhos de Bordéus, que cheiram à rosa e são cor de sangue pálido – violoncelos e violinos, sons de veludo e sons etéreos. Depois entramos no remanso dos vinhos do Reno, remontamos aos vinhos húngaros, descemos ao Mediterrâneo e são todos os vinhos de Espanha e todos os vinhos da Península e da Grande Grécia, e todos os vinhos dos Balcãs, e os vinhos com óleo da Grécia e os raros vinhos dos vinhedos turcos. Salas e salas onde dorme Dionísio[11], a alma da cepa.

– Há beber e há de degustar. Uma sala inteira guarda os licores e as divinas essências centenárias. Freitas Valle instrumentiza combinações, faz assonâncias e harmonias do paladar. E cada urna de essência aberta é uma ascensão para o páramo. O paladar lê um poema de amor.

Todos ouvem música. Freitas Valle eleva os sentidos na inteligência. O som é para ele o perpétuo embelezamento, o alimento celeste do ouvido. Ele goza, ele se alimenta de som, ele se penetra de harmonia enquanto os outros ouvem apenas. E, assim, enquanto os outros discutem ou dão opiniões, ele é o senhor dos sons, irmão esotérico dos que compuseram os grandes êxtases da emoção. Todos usam perfumes. Esse excepcional sibarita compreende os perfumes como "ornamentos do ar", o olfato como o grande "sentido do luxo". E como tem a orquestra dos vinhos e o regalo visual da natureza através das pinturas, e como compõe poemas para elevar-se e faz da sua biblioteca um claviculário emocional – ele mesmo, artista, compõe a delicadeza de perfumes inéditos, sínteses musicais de odores – como incentivo às forças do coração e do cérebro como o mais sutil prazer do corpo.

Ao conviver com o homem refinado, poeta da emoção, ledor esplêndido, criador de perfumes, orquestrador de vinhos, admirador de arte, agindo numa atmosfera de beleza sonora, pensamos no *Des Esseintes* de Huysmans, o neurastênico da obsessão artificial; nas fantasias dos escritores tentando a fixação de uma criatura só capaz de sentir, compreender e refletir a Natureza no apuramento da sua quinta essência.

La nature est un temple, où de suivants pilliere
Laissent parfois sortir des confuses paroles[12]

Excepcional é aquele que no murmúrio sutil faz o ambiente compreensível dos seus sentidos.

Mas Freitas Valle sorri forte como o imperador Adriano, bom como Mecenas. *Des Esseintes* era um inútil que desejava a quinta essência para viver ao contrário da vida. Ele se envolve, penetra-se, irradia a quinta essência para fazer melhor os outros na compreensão do Belo e para mais amar a vida. Deixa os perfumes e vai impôr um jovem compositor. Deixa o instrumental dos vinhos e ampara um pintor.

Não é de Huysmans. É uma figura que Balzac amaria.

No barulho dos artistas, Xavier Leroux, Carlos de Campos, tão bom porque artista ilustre, e Freitas Valle trocam algumas palavras, Freitas Valle conseguiu a execução do tragipoema de um novo maestro, o jovem Palluchi[13] no Municipal, onde horas depois grandes artistas o farão aclamar.

— Ele vencerá porque tem talento!, diz o Mestre e Senhor da Villa Kyrial.

Como resumindo a opinião geral, um dos convivas murmura:

— E porque o acompanha a vontade do Magnífico!

E nenhuma palavra poderia pintar melhor o homem único: Freitas Valle, o Magnífico!

O exemplo de São Paulo
A propósito da exposição do sr. Cardoso de Almeida

Vista parcial do Largo do Palácio (c.1900).
À esq. o Palácio do Governo e à dir. os edifícios da
Secretaria da Agricultura e da Tesouraria da Fazenda.
Foto de Guilherme Gaensly.

– "O caminho mais seguro para conseguir-se o fim almejado e com tanto empenho desejado pelo governo de São Paulo está na severa economia, nas despesas e na distribuição eqüitativa dos impostos. Sem redução nos gastos e sem novos elementos de renda, que supram a diminuição de tributos que se fizer em favor da lavoura, não será absolutamente possível atender-se ao justo desiderato, sem graves perturbações para a situação do Tesouro.

Com as medidas preparatórias que estão sendo postas em prática pelo Congresso e pelo governo, tudo será oportunamente obtido sem abalos e com satisfação geral."

Estas palavras de Cardoso de Almeida, o secretário da fazenda de São Paulo, na sua exposição de orçamento para 1917 do Estado de São Paulo são como o desenvolvimento da fórmula binominal em que enquadrou a sua administração o ilustre sr. Altino Arantes. O sr. Cardoso de Almeida tem uma longa fé de ofício político. Há quase vinte anos ele é um valor que aumenta de intensidade, deixando vestígios por onde quer que passe.

Como sói acontecer quase anomalamente na federação brasileira, com o grande Estado guia, a ação do sr. Cardoso de Almeida não é recordada por façanhas de politicagem, mas por obras administrativas. Ainda agora, na Secretaria da Fazenda, quando a União tão mal andou não o convidando para a direção do Ministério da Agricultura – esse trabalho pertinaz, sincero, contínuo, o auxílio seguro e leal à presidência Altino Arantes – são para impressionar como um exemplo a quantos confundem política com um trapézio para a satisfação das vaidades próprias, e principalmente para mostrar ao Brasil que ainda há administradores com decisão e energia, certos do apoio do povo quando trabalham para o povo.

Em épocas normais, a Secretaria da Fazenda é como o relógio do funcionamento de um país, o mostrador dos resultados de saúde e desenvolvimento do organismo social. Em períodos anormais, quando, – devido a causas externas e a violentos desequilíbrios internos – como no período Murtinho[1], sob a presidência Campos Sales, como agora, o governo forma todas as suas forças para restabelecer a saúde alterada, a Secretaria da Fazenda fica como o principal órgão, exigindo dos demais o esforço para o desejado equilíbrio.

Na União temos tido o lamentável espetáculo da hesitação, do choque de opiniões que não chegam a ser opiniões, de princípios que não são ajudados nem pela fé nem pela energia necessárias, a Câmara pela palavra do sr. Carlos Peixoto[2] a dizer uma coisa que os outros deputados baralham, o governo a fazer um jogo de curta vista e de recuos e avanços que causam piedade. Em São Paulo, é o contrário. O governo começa por não ter lá soluções de continuidade. Dada a crise, o eminente Rodrigues Alves, o "maior dos brasileiros vivos", agiu imediatamente. A obra financeira do sr. Cardoso de Almeida começou precisamente sob a chefia do preclaro brasileiro, cujas luzes e cuja direção cada vez são mais necessárias à República.

O admirável programa político do sr. Altino Arantes era como o desenvolvimento das idéias dominantes.

Mas, em São Paulo, há equilíbrio, há bom senso e homens que sabem o que querem. É espantoso. Mas há doze anos, pelo menos, eu chamo a atenção do país e dos políticos para o exemplo desse viveiro de administradores que nos deu os maiores presidentes da República.

Não houve uma idéia infantil, não se interrompeu estupidamente uma obra, cujo resultado econômico só não é evidente para quem não tem uma remota idéia sequer de ciência social e do funcionamento de um organismo político. Apenas, sob a ação do sr. Altino Arantes todos os secretários, todos os políticos, todos os particulares pensaram na fortuna pública.

O secretário da agricultura não amputou o ministério. Ao contrário. Redobrou de trabalho. O secretário do interior não decretou o analfabetismo – para fazer economias. Ao contrário. São Paulo sabe o que valem as escolas, tem na campanha contra o analfabetismo, realizada praticamente, enquanto a União discutia teorias, um dos fatores do seu progresso, e o secretário do interior aumentou escolas.

A verba da Secretaria da Justiça continua a mesma, porque São Paulo não pode deixar de manter uma polícia acreditada como uma das melhores em todo o mundo. O presidente, que é um intelectual de hábitos simples e gosta de andar a pé, não se lembrou de cortar os automóveis oficiais – para equilibrar o orçamento. Mas todos, mantendo o decoro representativo, o governo que se compreende mandatário do povo e o povo ligado à terra de onde tira a sua fortuna e a sua prosperidade – todos de acordo trabalham na grande obra: "economizar e produzir".

A ação enérgica mas prudente do sr. Cardoso de Almeida encontrou assim o terreno para uma redução de despesas formidável, sem que São Paulo deixe de dar a extraordinária impressão de vitalidade, que a todos assombra.

É incontestável que São Paulo dá sempre essa impressão, da tranqüilidade da vida farta na segurança de um progresso acelerado. O aspecto das cidades, a fisionomia dos campos, o tipo dos habitantes. Esse ar de certeza marca o próprio imigrante. Entre dez italianos de diversos Estados conhece-se imediatamente o italiano que erigiu São Paulo sua segunda pátria. O próprio representante da classe mediana, que é em toda parte tão parecido, tem no glorioso Estado essa expressão consciente de segurança econômica.

A legenda formada, por essa impressão, torna São Paulo uma terra onde o metal ouro cachoeira já amoedado em esterlinos. Por quê?

Não há ninguém que possa tratar do fenômeno financeiro, sem o derivar da formação econômica, que é como a expressão prática do conjunto de uma série de resultados sociais e políticos. Seria ocioso repetir esses rudimentos. Mas num país de papagaios, em que todos são economistas, repetir o bom senso nunca é demais. O notável sr. Lauro Muller[3], num discurso insigne de idéias patrióticas, ainda outro dia os repetia, como a animá-los à incontinência verbal dos brasileiros. Às suas palavras poderia servir de exemplo São Paulo, cuja divisa é "um por todos, todos por um" e onde o trabalho, a disciplina e o decoro coletivo formam o milagre de uma pátria admirável. O aspecto permanente da opulência de São Paulo é devido à iniciativa particular, à ânsia de trabalho, à noção de exploração do solo, ao desejo de cada um parecer melhor pelo seu esforço, ao espírito paulista enfim. Mas o governo, que não é lá uma brincadeira, estabelece o dinamômetro da riqueza pública e pauta disciplinarmente as necessidades de um e de outros – sem protestos, certos do patriotismo de cada habitante que é um obreiro do progresso geral. Assim é o governo um agente indireto de grandes desenvolvimentos, é o formador das gerações que mais decididas e mais preparadas entram em luta, é o conservador da saúde, o aplainador das dificuldades de locomoção, o modelar conservador da ordem. E como o povo, esse governo dá a mesma impressão de abundância.

Examinem-se as dotações orçamentárias que um prodígio econômico do sr. Cardoso de Almeida reduziu para o exercício de 1917 a cerca de 84 mil contos, sem a possibilidade de créditos suplementares. Assim:

"Secretaria do Interior	25.307:814$000
Secretaria da Justiça e da Segurança Pública	18.183 :696$000
Secretaria da Agricultura	14.110:461$000
Secretaria da Fazenda	<u>26.100:426$000</u>
Total	83.702:427$000

Nesta soma de 83.702:427$, como V. Exa. verá pelas tabelas anexas, estão compreendidas as dotações para todos os serviços a cargo das quatro secretarias do Estado, destacando-se, dentre elas, pelo seu vulto, as seguintes: Instrução pública, 18.508:000$, dos quais para ensino primário 14.700:000$; saúde pública 2.804:000$, hospício de alienados 966:200$, força pública 12.302:115$, justiça e ministério público 2.002:380$, serviço policial 1.715:820$, alimentação, vestuários e mais despesas com presos pobres 1.670:580$, conclusão de obras públicas iniciadas anteriormente, inclusive a nova penitenciária e o palácio das indústrias, 2.250:000$, serviço agronômico, ensino agrícola, imigração e colonização 1.922:000$, água e esgotos da capital 1.860:320$, subvenções e garantias de juros a empresas de navegação e estradas de ferro, iluminação da capital, prolongamento da Estrada Sorocabana etc., 4.334:395$, despesas com a arrecadação das rendas 3.010:536$, juros diversos e amortizações 13.782:475$, diferenças de câmbio 5.267:844$, subvenções a casas de caridade 1.000:000$; aposentados e reformados 1.544:115$000.

Todos os serviços e todos os encargos foram atendidos com recursos suficientes, de maneira que, no ano próximo, a despesa deverá ficar limitada exclusivamente à quantia referida, evitando-se assim os créditos suplementares, que são causadores das mais sérias perturbações orçamentárias."

E foram aumentados escolas e grupos escolares, e a fazenda tem as somas para pagamento de juros e as outras secretarias mantiveram as tabelas necessárias para o seu bom funcionamento!

O sr. Cardoso de Almeida tem nobres idéias na sua exposição. A primeira é a de simplificar comercialmente o funcionamento do Tesouro. Já esse estabelecimento estava transformado assim: já em Minas, o sr. Teodomiro Santiago[4] o mesmo fez com o Tesouro do Estado.

A outra idéia é a distribuição eqüitativa dos impostos, pelas classes produtoras. Já esse estadista realizara este ano as modificações na arrecadação dos impostos de comércio e indústria, como mostrara a sua preocupação de auxílio às pequenas economias das classes pobres com a criação das caixas econômicas. A generalização do imposto foi uma grande medida – que, naturalmente, aumenta a renda de muito e enuncia o "fim colimado", como dizem os oradores, na Câmara, de todos os estadistas brasileiros: – o equilíbrio orçamentário, a extinção do pavoroso déficit. Apenas, nesse governo, em que atua de modo complexo a cultura ponderada de Altino Arantes, o sr. Cardoso de Almeida tem uma visão mais larga: a da libertação do maior produto, do café a justiça à base da riqueza paulista, tão gravada que cada grão de café é uma moeda a dividir-se várias vezes para a alimentação de outros tantos impostos.

Certo, como em São Paulo, os governos são uma continuação e não trabalham para os governadores e os seus amigos, como não há também a repetição teimosa com que os nossos políticos compreendem a política no princípio do *aprés-moi le déluge*[5], alguns desses impostos serviram especialmente aos produtores de café. Mas, é muito. Na exposição do sr. Cardoso de Almeida, que fervilha de idéias e tem um forte cunho de decisão, o secretário da fazenda diz:

– "Ao contrário do que sucede em quase todos os Estados, nos quais são cobrados impostos de exportação de todos os produtos, em São Paulo uma só mercadoria – o café – está sujeito a imposto de saída, ao passo que os demais produtos da agricultura ou da indústria paulistas saem do Estado livres de imposto, sendo que o tributo existente sobre a exportação de couros, lenha e fumo, representa mais uma proteção às nossas indústrias e defesa das nossas matas do que verdadeiramente um imposto.

Assim sendo, não é difícil a São Paulo colocar o seu sistema tributário de acordo com os melhores princípios econômicos, conciliando os interesses do erário com os dos produtores e contribuintes.

O imposto sobre o capital e sobre a renda, criado em 1904 e remodelado pelas leis de 1915 e 1916; o imposto sobre os vencimentos, o imposto de viação, de selo, de comércio, de indústria, de transmissão de propriedade e outros, vão pouco a pouco fornecendo recursos não só para normalizar-se a situação do Tesouro, como para habilitar o Estado a ir diminuindo gradualmente os encargos que pesam sobre a indústria agrícola."

E vai mesmo a mostrar a sua simpatia pelo "imposto único", o grande sonho igualitário de Henry Georges[6], que várias zonas da Europa e da América têm aplicado para melhor mostrar o seu bem, os seus males, e os seus remédios e que São Paulo, além de comissionar o dr. Luiz Silveira para observá-lo nas Repúblicas do Prata, estuda com a habitual ponderação dos seus estadistas.

O sr. Cardoso de Almeida fez muito bem na divulgação da sua exposição. Não por vaidade. O secretário da fazenda já passou a época do desejo de espantar.

Ainda outro dia, o *Commércio*[7], dando-lhe a biografia, enchia mais de uma coluna só de fatos devidos à sua visão prática. Não pela obrigação democrática de mostrar a vida administrativa com as suas idéias para serem discutidas. Mas como um exemplo, como mais um documento da vida exemplar de São Paulo, onde a inteligência, o bom senso, o equilíbrio mostram ao Brasil o que devia ser o Brasil se tivesse estadistas como os de São Paulo.

São Paulo, estação de verão

Rotisserie Sportsman. Cartão-postal (década de 1920).
Foto de autoria desconhecida.

Na Rotisserie[1], à hora do jantar, no movimento febril que ao estabelecimento dá o alojamento oficial da embaixada uruguaia tenho a ilusão de estar numa festa no Rio. Uma porção de encantadoras e de encantadores. É a sra. Gina de Araújo Regis; Isar Miran Latiff Paes Leme, é a sra. Hugo Leal. E são o sr. João Borges, o sr. Meira Pena, o sr. Antonio Pinheiro Machado, o ministro Raul Regis, uma porção de cariocas, uma segunda embaixada – a do Clube dos Diários[2].

— Vieram para o baile?, indago da ilustre sra. Meira Pena.

— Não. Viemos fugindo do calor do Rio.

Realmente. Deixamos o Rio com um calor de chaleira. São Paulo, no sagrado planalto, acolheu-nos com a carícia da bruma e uma deliciosa temperatura de 16 °C.

A noite daqui é quase o inverno de Lisboa. Os homens enfiam o paletó e calçam luvas. Faz realmente frio. O diplomata Pessoa de Queiroz, que é do norte, só se encontra bem aquecido no fardão de 2º secretário. E todos sentem-se bem nesse ar frio que revigora e dá saúde.

Quantos vão a São Paulo pela primeira vez têm uma grande impressão – a impressão da capital de uma república diversíssima do resto do Brasil. Pensarão os uruguaios assim? Converso com Juan Buero, o jovem de rútila inteligência, *leader* da maioria na Câmara dos Deputados do Uruguai.

— Como é possível, diz-me ele, a doze horas de viagem do Rio, um povo tão diverso? Qual a minha impressão? Mas em tudo a de um povo constituído, organizado, feito. Na América, São Paulo só se parece a Montevidéu. Quem venha da Europa terá na construção das casas, na ordem, na disciplina, na atitude dos habitantes, um ar de cidade européia, encravada na América. Parece que todos sem esforço e sem prévio acordo trabalham por dar essa idéia da unidade brilhante: a sociedade, o governo, o povo. Por onde tenho andado, só impressões esplêndidas que se fundem num único louvor. E que clima!

— Que rico!, exclama Julian Nogueira.

O ministro Balthazar Brum detalha as suas impressões. Elas são magníficas. O deputado Herrera, figura de intelectual, insiste sobre o encanto urbano. Mas todos notam como as bandas militares de São Paulo sabem tocar seu hino, o hino uruguaio. E todos louvam o clima.

— Delicioso clima!

Há uns anos para cá, os cariocas começam a "fazer" o São Paulo no verão assim como os paulistas "fazem" o Rio no inverno. A amenidade do clima da capital do grande Estado já chegou até nós. Os trens de luxo partem cheios, sempre e se houvesse mais dois ou três esses teriam as lotações sempre completas. Em vez de ir para o campo ainda hostil nas estações de verão, em vez de ficar aborrecendo a imaginação no largo D. Afonso, de Petrópolis, vale muito mais uma temporada em São Paulo com todas as diversões, todos os confortos e o contato de uma sociedade fina e educada. Quando aqui a suar, nós arfamos de calor, é raro o dia lá em que a temperatura sobe um pouco, das duas às cinco da tarde. Porque, à noite, há sempre o frio, há sempre menos de dezoito graus.

Entre jogar as prendas em Teresópolis, ouvindo os sapos para gozar de uma noite relativamente fresca comparada ao calor do dia, e estar em São Paulo, tendo mil e uma diversões, dia e noite, a gozar uma temperatura ideal num luxo de capital brilhante e mundana – não há quem não prefira a segunda hipótese. Assim não foi o baile do Automóvel *Club*, não foram as festas aos uruguaios, as causas da invasão dos cariocas. Todos os hotéis, como a Rotisserie, estão cheios. É o bom gosto carioca, aproveitando o verão para gozar São Paulo – a cidade farol do Brasil.

Eu ainda ouço a sra. Hugo Leal, com o mais encantador riso da terra, dizer:

— Mas é uma delícia o clima de São Paulo!

José Antonio José

Altino Arantes – Em São Paulo

Altino Arantes (1919).
Foto de autoria desconhecida.

Ilustre ex-presidente – Que esta o vá encontrar bem com Deus e os anjos, pois que com os homens vem da nossa própria bondade resignação para aturá-los. Vossa Mercê foi sempre nesse sentido tocado da graça divina, porque todo bondade, todo generosidade, todo gratidão, talvez na política ex-dominante de São Paulo só tivesse um a se avantajar em excelência: o ilustre facultativo Oscar Rodrigues Alves. Mas ainda assim o seu coração deve estar satisfeito vendo que o sr. dr. Washington e o P.R.P., sentindo a necessidade de repouso de Vossa Mercê, preferiram deixá-la na intranqüilidade bancária a trazê-la para os fiordes da atividade parlamentar. O acordo para a reeleição integral da bancada federal mostra como São Paulo está coeso e como Vossa Mercê está em São Paulo.

Está claro que eu tive uma pequena surpresa, pois contava ver a sua alta figura ao lado da elegante figura de *sir* Oscar no Monroe[1]. Mas fiz uma enquete, com o vício de reportagem que Deus me deu. E dessa enquete surgiu-me a explicação. O primeiro com quem falei foi o dr. Carvalho, o senador Álvaro[2]. S. Exa., havia meia hora, conversava pelo telefone com o dr. Epitácio[3]. Essa ternura subitânea entre o presidente e o ex-diretor da política, o ex-Pinheiro de três meses – é o assunto das rodas políticas. Diz-me o Oscar desta vez Soares que o futuro presidente talvez seja Álvaro. E Álvaro, largando o fone que o ligava ao paraíso, explicou:

— O Altino não veio para a Câmara, porque já passou da moda essa história de dar representação federal aos ex-presidentes.

Telegrafei em seguida a Rodolfo Miranda[4] e recebi o seguinte despacho:

— "Só questão moda invioláveis princípios republicanos".

E todos a quem fiz a pergunta responderam do mesmo modo. Essa tocante uniformidade mostra bem que a opinião é de Vossa Mercê, que aliás sempre foi como o dr. Álvaro e o dr. Oscar, um estadista na moda.

Apenas, porém, um, cujo nome eu não digo, mas que é muito camarada do seu dileto amigo o notável rival de Homero, dr. Cardoso de Almeida, teve uma idéia:

— Você sabe, o Washington não quer a presidência, e o Altino prepara-se...

Ninguém sabe o que será o caso das candidaturas. Conhecida a despretensão do dr. Álvaro, cuja ambição foi sempre servir os amigos – é bem possível que o senador, com a louca amizade que o liga ao dr. Epitácio, já esteja, a esta hora, catequizando o notável paraibano para fazer Vossa Mercê o candidato.

Deus queira que assim seja. Assim pedirei a Nossa Senhora da Conceição, minha madrinha na terra.

Com reverência.

Dr. Cardoso de Almeida – Em São Paulo

Palácio Campos Elísios, sede do governo
estadual na década de 1910.
Foto de Guilherme Gaensly.

É com a alma varada de dor que escrevo ao formidável economista e ao estadista fenomenal nesta ocasião de triste exílio em que ele passeia por São Paulo como Oscar Rodrigues Alves pelo Rio: sem que ninguém lhe preste atenção. De outro qualquer mesmo, eu respeitaria o involuntário ostracismo. Mas Cardoso de Almeida tem tal dose de esperança, teima tanto em ser autoridade, banca tanto o prestígio, que é a ele, é a Cardoso, é a Almeida, é a Você, meu prezado doutor, que me dirijo para perguntar a sua opinião no caso das eleições e especialmente no caso do Rubião Meira[1].

Você não faz parte do governo e não conspira contra ele. Você, alheio à política, pode ser imparcial. Tanto mais quanto o Washington de São Paulo desejou manter a bancada para impedir que fossem à Câmara Federal Altino, seu eleitor, e Cardoso e Oscar seus rivais em candidatura à Presidência. Você deve estar na temporada em que os políticos clamam pela "vontade das urnas".

Ao demais, Cardoso, os costumes políticos sofrem em São Paulo uma violenta transformação. E se hoje a dissidência não vai com os outros, apesar de todos os aparentes acordos, os outros cada vez vão menos bem uns com os outros, resultando daí certas atitudes extremas de combate. Quem poderia supor que o Alfredo Pujol[2] iria atacar os gastos inconfessáveis do governo Altino, depois de passado esse governo? Quem acreditará que, à resposta do ex-presidente, Pujol pediu um exame imediato da escrita, como nas casas comerciais – pagando ele os peritos, talvez por não contar com suficiente numerário no Tesouro para essa despesa?

São Paulo é outro, Cardoso. O bolchevismo (essa hidra!) entrou-lhe pelo governo e é Pujol quem anuncia o incêndio do Kremlin, isto é, a invasão do Tesouro.

Ora, com todas as inovações atuais, uma pergunta corta o ar:

— São Paulo, capital de seiscentos mil habitantes, São Paulo, a terceira cidade da América do Sul, não poderá eleger um deputado, não poderá fazer um homem seu representante, independente do Diretório?

Como V. sabe, o Rubião Meira apelou para os bandeirantes, tão difícil achava ser eleito. É ele talvez o primeiro político que, querendo ser deputado, apela para os bandeirantes, em vez de apelar para o P.R.P. Todos deviam admirar o grito:

— Bandeirantes, atravessem as florestas das conveniências políticas, para votar em mim!

A cidade inteira, os bandeirantes disponíveis votaram mesmo em Rubião. E quando a apuração dava Rubião quando a chapa, sendo a expressão da vontade da capital, começaram a vir os resultados de outras cidades próximas e Rubião é capaz de ir como outros bandeirantes passados pelo Tietê afora...

Daí o meu receio e daí incomodá-lo para uma pergunta, que espero V. responderá:

— O Rubião Meira deve ou não ser reconhecido?

Ex corde[3].

Sr. Washington Luís – Em São Paulo

João do Rio.
Charge de Gil (Carlos Lenoir).

Em São Paulo, dizem, dr. Luís, que no governo de V. Exa. dá-se exatamente o contrário do governo Arantes, em que havia quatro presidentes e um secretário que era o Altino. Isso quer dizer que V. Exa. deve ter muito trabalho para lhe sobrar tempo possível de ser gasto em leituras ociosas. Este bilhete, porém, que traço após várias horas de meditação, há de interromper pelo menos o seu importante despacho com o Heitor Penteado[1]. Porque este bilhete vem dizer apenas:

— Cuidado!

Sim, cuidado ilustre conterrâneo do Raul Veiga[2]! Eu li o telegrama que o sr. Epitácio Pessoa passou aos lavradores de São Paulo, prometendo que os auxiliará e dizendo já no mesmo sentido ter telegrafado a V. Exa. Li e tornei a ler. Reli e tornei a reler. O supremo magistrado da República é atualmente um homem muito esquisito e muito teimoso. Eu conheço o seu estilo peremptório quando diz sim de verdade e o outro, o estilo "venha logo, vamos ver". Com o estilo "venha logo, vamos ver" tem o dr. Epitácio chuchado com o Estado de São Paulo, como nenhum presidente da República. Não sei se o sr. Epitácio quer pilheriar com V. Exa. ou se a birra é contra o formidável potencial de progresso que é São Paulo. Toda a crise ou pelo menos a metade dela devemos à inconcebível maneira porque o tio do Pessoa de Queiróz recusou adiando tudo quanto São Paulo propunha para defender os lavradores.

Ora, não é depois de doze meses dessa negaça que V. Exa. vai acreditar no homem, justamente quando o seu estilo em vez de ser de "dedo em pé" é ainda de "venha logo, vamos ver". Tenho o telegrama diante dos olhos. Descubro que com toda a gentileza ele abre tangente para a salvação vinda de Washington, e que, quanto ao seu caso, está com a melhor boa vontade – conquanto, todavia, oportunamente, etc...

O melhor é não contar com o dr. Epitácio. O ilustre orador organizou-se de tal modo que é inquestionavelmente o maior presidente contra os Estados Unidos do Brasil. E só resta aos Estados, grandes e fortes como São Paulo, defenderem-se sozinhos.

Claro que São Paulo custou a tomar a resolução de se salvar por conta própria. Mas o empréstimo, apesar das tomadas de câmbio pelos encarregados do inaudito Homero para conservar a baixa, acabará dando um resultadinho e a intervenção, a intervenção no mercado de café aconselhada pelo sr. conde Siciliano[3] – a única e permanente medida certa na crise – dará um resultadão.

Mas São Paulo sempre com três pulgas atrás da orelha quando se tratar do carinho do sr. Epitácio pelos lavradores que fazem a fortuna do Brasil.

Com mil perdões por ter interrompido V. Exa.

Ao senador Alfredo Ellis

Banca Francese e Italiana (1913)
Foto de autoria desconhecida.

Meu ilustre amigo. Estou, há quinze dias, preso por interesses do jornal à capital de São Paulo, a essa colina sagrada de onde partiu a civilização do Brasil e que em trinta anos de República sextuplicou a sua população. Passo os dias ajudando a desarmar e encaixotar máquinas, e a ver e a observar a grande cidade num dos seus momentos mais dramáticos. E não resisto em escrever a um dos últimos republicanos históricos de São Paulo, tão patriota e tão bairrista – a minha impressão trepidante.

Que pena, senador, não termos um grande romancista, um anotador épico, um Balzac que viesse fixar esse sobressalto de crescimento vertiginoso, esse momento em que falta de repente o dinheiro para continuar a fazer dinheiro na grande terra sul-americana! No Rio os fenômenos da crise passam um pouco despercebidos. Em São Paulo, o ambiente é que criou os bandeirantes e plasma em ambição todos os que estão vivos. São Paulo é a máquina do progresso. Precisa de dinheiro para manter a mesma velocidade. Dinheiro faz dinheiro. Dinheiro para empresas, dinheiro para indústrias, dinheiro! Ninguém tem propriamente dinheiro. Gasta-se muito dinheiro e emprega-se dinheiro em mil e uma provas de ação, inclusive mesmo algumas explorações só explorações. De modo que, de repente, o crédito retraído, é a agitação desesperada.

Os meus operários fizeram serão, de modo que eu tenho de passar o dia só na delirante neurose do Triângulo[1], qualquer coisa que lembra a bolsa *new-yorkina*. Não há dinheiro! Não há! Os bancos retraem-se. O dólar trepou, o nosso câmbio degringolou. Tenho de parlamentar telefonicamente para ver Frontini na Banca Francese[2]. Ele está no ultimo andar do estupendo edifício novo da Banca, maravilha de palácio puro renascimento florentino.

Todos se defendem. Em todos os bancos o movimento de torrente parece descontente na impossibilidade dos descontos. Os negociantes dizem-me:

— É o desastre! Vendi mil e quinhentos contos, não recebi quarenta!

Os banqueiros exclamam:

— Impossível agir de outro modo!

Em duzentos metros sei de cinco quebras, e encontro três advogados que vão para acordos que são quase quebras. Um estado que eu chamarei o "paroxismo do ambiente" leva, numa rajada de posse, de conquista, de defesa – toda essa multidão. Eles queixam-se da inépcia financeira do governo federal, mas brevemente, porque a alma geral quer teimar com esperança. Sinto que, fora as represas dos bancos, pela vontade imaginativa dessa gente, eu não ando em terra firme, eu vou numa tremenda correnteza de dinheiro, em que o pequeno não conta porque conta o grande.

— Situação desesperada! diz-me um. Vou comprar uma casa!

— Perdi na quebra de X. 1.200 contos! Venha ver o meu novo automóvel.

— Não tenho hoje quinhentos mil réis e preciso de quinhentos contos amanhã! confessa um terceiro.

E, nessa alucinação, passam às centenas os autos de luxo, conduzindo criaturas que nunca têm menos de duzentos contos de jóias – a ornamentá-las. E, nesse delírio, os homens, paulistas, italianos, portugueses, americanos, indianos, árabes, não perdem essa linha de *gentlemen* de que os paulistas são na América os detentores. E nesse torvelinho os bares e os chás regurgitam. Quem é aquele? Um novo rico da guerra que está no novo pobre das quebras e que sorri impávido no seu *Hudson*[3] de recreio. Quem é aquele outro? Um industrial extravagante cuja amante em seis meses de Paris gastou sete milhões de francos.

Com as têmporas batendo, paro um pouco nos escritórios do conde Mattarazzo[4], que continua a trabalhar, com a sua clara inteligência. A crise! a crise! Mattarazzo, aos 70 anos lança mais uma indústria – a de queijos. Subo ao escritório de Eloy Chaves. A crise! a crise! Não são só as empresas de eletricidade. Há a indústria das louças com uma produção de duzentos contos por semana...

E, afinal, à noite, tonto, desvairado, entro no Automóvel *Club*, onde todos aqueles cavalheiros estão de aparência tranqüilos – sem que ninguém saiba se eles são milhões ou são vinténs.

Meu caro senador! Que país e que cidade de energia e de vida! Decididamente não há outro remédio senão admirar os paulistas. E imagine que, deitando-me com o café a 7$500, ao acordar, ele estava firme a 9$200!

É a torrente, é o delírio, é São Paulo no pânico da crise integralmente *for ever*!⁵

Admirador

Cardoso de Almeida
Em São Paulo

Largo do Paissandu, à dir. torre da Igreja de Santa
Ifigênia e, ao fundo, a torre da Estação da Luz.
Cartão-postal. Foto de autoria desconhecida.

Sei que dentro de alguns dias, Você, meu prezado Cardosão, deixa São Paulo, deixa o Brasil, segue para a Europa. Riquíssimo, dono de propriedades esplêndidas, com todas as condições para ser feliz, inclusive a de ser sócio de jornais, Você é o exemplo da melancolia – por ter perdido a posição política. Jamais figuraria a hipótese de Você, gordo, pletórico, com uma cinta para diminuir o ventre, virando subitamente em Werther[1] do poder. Você era dominador, grosso e peremptório, Você mandava e trabalhava. O prazer de ser autoridade irradiava por todos os seus poros. Você sacrificava as refeições, Você sacrificou a cartola no altar da política. O Oscar Rodrigues Alves dizia-me:

— Cardoso é capaz de pagar para ser secretário!

Herculano considerava:

— É um fenômeno de amor ao cargo!

Ainda assim, nunca imaginaria a sua transformação. Foi como se lhe arrancassem as entranhas quando lhe arrancaram do poder. Eu o vi aqui no Rio tentando reagir, a passear entre a falecida Renaissance e o vivíssimo Alvear, amável, palestrador, reconhecendo uma porção de cavalheiros que não queria ver no tempo de secretário da Fazenda.

E depois encontrei-o em São Paulo, palmilhando o Triângulo, abancando no aperitivo tumultuário da Rotisserie, nos chás do Alhambra. Faltavam a Você o poder, o trabalho, o nome dos jornais, os qualificativos, a análise amável da sua gigantesca obra. Faltava a Você o mando. E Você andava como no cataclismo, apesar de ser como é um cidadão feliz. Você estava pálido, olheirento, neurastênico.

Não sei o estado de alma de Aristídes[2] quando encontrou um ateniense escrevendo o seu nome na casca da ostra. É muito tarde agora para um inquérito a respeito. Mas sei o gesto de Cincinato[3]; e pela tragédia de Shakespeare (um sujeito inglês que escrevia peças) – tenho nos ouvidos a grita colérica de Tímon de Atenas[4] quando reconheceu, arruinado, que não tinha amigos.

Você, Cardoso, se não se parece com esses notáveis falecidos da história, é um caso que pedia Shakespeare. Eu imagino as suas noites, os seus dias vazios, o tempo em que V. medita não poder ser.

— *To be or not to be...*[5]

Não há, decerto, em toda a República um coração sangrando como o seu. Nem ao menos deputado! Nada! Absolutamente nada, como o dr. Epitácio a 16 de novembro de 1922! E nada quando ia ser presidente do Estado, ou ministro, ou quem sabe? Chefe da República...

Assim a sua partida é um auto-exílio. Você vai em cabine de luxo, de aparência tranqüila, para repousar. Mas quem lhe olhar o cérebro, verá Você bradando:

— É demais! Não posso! Não posso! Antes a palestra no Café de la Paix[6] que esse horror de estar onde já se teve e não se tem o poder.

Eu sinto, distinto varão. E é sinceramente que lhe peço ânimo, esperança, entusiasmo. A Europa refaz os americanos. Lembre-se do dr. Epitácio e creia no devotado.

Dr. Washington Luís – Em São Paulo

Washington Luís.
Foto de autoria desconhecida.

Soube, Presidente, que V. Exa. mandava indagar de um amigo aqui no Rio a verdade sobre o caso estridente da sucessão. E como esse amigo é político e está na reprise da peça, resolvi informar eu diretamente V. Exa.

Sabe o sr. presidente o autor dessa representação toda? É apenas o sr. Epitácio Pessoa. Esse homem é teimoso e resiste. Por momentos a sua vaidade mórbida deixa as violências diretas do enxovalho da Câmara, como no caso de Mauricio e no de Nicanor, para realizar prodígios satânicos de defesa.

Como Epitácio ouve ao longe o barulho das latas velhas no 15 de novembro de 1922, Epitácio responde aos ataques justos da imprensa, mas compreendeu ser prudente desviar a atenção pública do seu catastrófico governo. E para isso, só havia um meio: armar a peça das candidaturas.

Se, após ter aceito com todos os outros, o nome do sr. Arthur Bernardes[1], não houvesse discussão, cada vez mais perto do fim, mais perto da pancadaria, o sr. Epitácio teria de apanhar firme. Agitando o problema, com os *trucs*[2] fatigantes mas infatigáveis de sempre, era certo dividir as pancadas e fazer com que o povo não visse metade dos seus atos.

João do Rio

Assim começou por achar cedo a convenção. Era fatal. Choveram as oposições ao sr. Bernardes. Logo depois discute-se a vice-presidência. O sr. Epitácio é a causa do rolo insuflando o Zé-Bezerra, aliás sem maior desejo, porque logo o largou pelo eterno vice-Urbano[3]. Daí por diante é ele, que não simpatiza nada com o sr. J.J. Seabra[4] nem com o sr. Nilo Peçanha[5], o insinuador da barafunda política, o ponto de vários atores. E todos nós verdadeiros patetas, estamos realizando justamente o que quer o Maquiavel[6] do Catete.

— Os políticos dizem que ele é Deus.

— Os jornais, conforme os seus partidos, arrastam pela rua da amargura o sr. Bernardes, o sr. Nilo, o sr. Borges de Medeiros[7].

É realmente genial.

Quem fala agora do câmbio a 5? Quem se queixa da miséria, da ruína, do desastre? Quem se revolta contra a prepotência? Quem analisa os atos do governo pelas duas fontes de dinheiro Calógeras e Pilares do Rio de Ouro?[8]

Estamos todos, uns a agredir e a descompor o sr. dr. Bernardes pelo mal que ele não fez, outros a debochar o sr. Nilo.

É essa a verdadeira causa do caso da sucessão presidencial.

Com cumprimentos cordiais, sr. dr. Washington Luís.

Notas

Soldado da Força Pública falando pela
caixa de avisos (década de 1920)

Coluna Cinematographo 1

[1] Gabriel Osório de Almeida (?-1925). Formado em Engenharia, foi presidente da E.F. Central do Brasil, membro do Conselho Municipal do Rio de Janeiro (1911-1913), presidiu igualmente as Docas de Santos e o Lloyd Brasileiro.

[2] Miguel Calmon Du Pin e Almeida (1879-1935). Engenheiro de formação foi deputado federal pela Bahia e ocupou o cargo de ministro da Indústria, Viação e Obras Públicas (1906-1909) e de ministro da agricultura (1922-1926).

[3] Veículo elétrico de transporte urbano, para passageiros ou carga, que se move sobre trilhos. Este sistema foi implantado na cidade de São Paulo, a partir de 1900, pela empresa canadense The São Paulo Tramway Light and Power.

[4] Originário da Nova Inglaterra (EUA), empregado para designar norte-americano, em inglês.

[5] Alfredo Pinto Vieira de Mello (1847-1923) formou-se em Ciências Jurídicas e Sociais na Faculdade de Direito de Recife. Foi deputado federal, exerceu cargos na magistratura, chegou a ministro do STF. Durante o governo de Afonso Pena (1906-1909) foi nomeado Chefe de Polícia da capital da República. Na sua gestão, fundou a Colônia Correcional de Dois Rios e o Serviço de Identificação.

[6] Carlos Alberto Gomes Cardim (1875-1938). Formado pela Escola Normal de São Paulo. Trabalhou com Oscar Thompson e Alberto Sales; reorgani-

zou o ensino primário e secundário no Espírito Santo, em 1908; fundador da primeira biblioteca infantil do curso primário; foi diretor do Conservatório Dramático e Musical de São Paulo. Escreveu comédias, dramas e obras escolares.

[7] Augusto Barjona. Foi redator secretário do *Commercio de São Paulo*, crítico teatral do *O Estado de S. Paulo* e diretor da revista musical *Gazeta Artística* (1909-1914).

[8] Joaquim Morse. Foi secretário de redação do *Commercio de São Paulo* e jornalista do *Correio Paulistano*.

[9] O jornal *Correio Paulistano* fundado em 1854, na cidade de São Paulo. Com a organização do Partido Republicano Paulista (PRP), em 1872, tornou-se seu órgão oficial sob a direção de Herculano de Freitas. Em 1888 sua tiragem diária era de 2500 exemplares, em 1904 havia chegado a 8.500. Foi o primeiro jornal paulista a ser impresso em rotativas. Em 1930, foi fechado por se opor às diretrizes de Getúlio Vargas.

[10] Sarah Bernhardt foi o nome artístico adotado pela atriz francesa Henriette-Rosine Bernard (1844-1923). Conhecida como a "divina Sarah", atuou no teatro (no Thêatre du Gymnase-Dramatique, no Ódeon e na Comédie Française) e a partir de 1880 montou sua própria companhia. Seus papéis mais populares foram o de Venus, na *Phèdre* de Racine, o de Marguérite Gautier na *Dama das Camélias* de Alexandre Dumas filho e o papel principal na *Adrienne Lecouvreur* de Eugène Scribe. Visitou o Brasil por três vezes (1886, 1893 e 1906), todas desastrosas para ela. Na última, cai do palco e fere a perna direita, que amputaria posteriormente. A afirmação relativa à cidade de São Paulo foi feita em julho de 1893, quando agradecida exclamou: "São Paulo é a cabeça do Brasil; e o Brasil, a França Americana".

Coluna cinematographo 2

[1] A Exposição Nacional inaugurada em 11/08/1908, no Rio de Janeiro, foi organizada para comemorar o centenário do Tratado de Abertura dos Portos às Nações Amigas e, simultaneamente, celebrar o otimismo decorrente do saneamento e modernização da capital federal. O presidente Afonso Pena, o ministro das Obras Públicas Miguel Calmon, o engenheiro Sampaio Correia, autoridades nacionais e representantes de vários países participaram das solenidades oficiais. Além do Palácio Manuelino (Portugal), do Pavilhão Egípcio (Música), da Indústria, da Sociedade Nacional de Agricultura foram construídos vários pavilhões para os estados brasileiros, com destaque para os de São Paulo, Minas Gerais e Bahia. Todos os edifícios, dispostos na antiga Praia da Saudade, hoje Avenida Pasteur, e na Praia Vermelha (Urca), exibiam um evidente traço arquitetônico eclético. O pavilhão de São Paulo foi projetado por Domiziano Rossi que era mem-

bro do escritório de arquitetura de Ramos de Azevedo. Após cruzar o monumental pórtico mourisco, os visitantes podiam conhecer as maiores conquistas nacionais no campo das indústrias, comércio, lavoura e artes liberais, percorrer a mostra de quadros, freqüentar os concertos, assistir representações dramáticas de autores brasileiros no Teatro João Caetano ou assistir fitas de dramalhões e comédias no Cinematógrafo Brasileiro. Ao longo dos três meses, a Exposição foi palco de regatas, corsos, banquetes, batalhas de flores e festas infantis. De acordo com João Carlos Rodrigues, destacava-se ainda os locais de convivialidade de *snobs* (o restaurante do Pão de Açúcar), o ponto dos maledicentes (o bar da Brahma) e o lugar dos anônimos (o Restaurante Rústico).

Coluna cinematographo 3

[1] O Parque da Luz foi o primeiro jardim público da cidade. Inaugurado em 1798 como Jardim Botânico, ele foi reformado em 1825 e passou a ser designado como Jardim Público. Em 1860, as autoridades estaduais cederam parte de seu terreno para a construção da Ferrovia São Paulo Railway. Ainda no final do século XIX, o parque passou a ser competência municipal, entretanto, voltou a perder espaço para a instalação do Liceu de Artes e Ofícios (atual Pinacoteca do Estado). Contudo as melhorias introduzidas (sistema inglês de paisagismo, substituição dos lampiões de gás e de querosene pela iluminação elétrica, esculturas decorativas) favoreceram a apropriação do espaço como área de lazer e divertimento da população: quermesses beneficentes, apresentações de bandas musicais e bailes ao ar livre (*garden parties*). No começo do século XX, o prefeito Conselheiro Antonio Prado nomeou Antonio Etzel como administrador do Jardim da Luz. Ele foi o responsável pelo novo traçado com ruas circulares arborizadas e grandes gramados, pelo lago central em forma de cruz-de-malta de onde jorrava um repuxo iluminado, pela construção do coreto, do quiosque, do viveiro de plantas e flores e do minizoológico. Próximo do coreto havia um bar que servia "gasosas", chopes, sanduíches e sorvetes para os freqüentadores mais abastados.

[2] Nome de uma grande praça e jardim que se encontra na margem direita do Rio Sena, em Paris. Próximo desta praça foi construído em 1878 o Palácio Chaillot, originalmente concebido como residência do filho do Imperador Napoleão III. Todavia, com o fim do II Império (1871) o palácio de estilo romântico-bizantino abrigou parte das comemorações da Exposição Universal de 1889. Esta construção foi demolida em 1935, dando lugar a um novo edifício de estilo neoclássico que abriga três museus.

[3] A Faculdade de Direito de São Paulo foi criada em 1827 e instalada no ano seguinte no Convento dos Franciscanos até 1932, quando foi demolido o antigo prédio e iniciada a construção de novas instalações projetadas pelo

Escritório Técnico Ramos de Azevedo, sob coordenação de Ricardo Severo, e inspirada na arquitetura colonial. Além de promover a profissionalização jurídico-política dos bacharéis, favorecendo inclusive a arregimentação dos "aprendizes do poder" pelo Estado, a Academia também condensou as práticas da militância política, do jornalismo e do beletrismo.

[4] Antonio Dino da Costa Bueno (1854-1912). Bacharel pela Faculdade de Direito de São Paulo. Em 1876, foi nomeado promotor público da comarca de São Paulo, e, posteriormente, juiz substituto da Primeira Vara da mesma comarca. Foi catedrático da cadeira de Direito Civil e diretor da Faculdade de Direito de São Paulo, no período de 1908-1912. Em 1893, foi eleito deputado federal por São Paulo, como também em 1898. Foi secretário do Interior em 1896, membro e presidente da Comissão Diretora do Partido Republicano Paulista.

[5] Uladislau Herculano de Freitas (1865-1926). Formado pela Faculdade de Direito do Recife, foi advogado, diretor do jornal *Correio Paulistano* e ocupou vários cargos políticos. Proclamada a República, exerceu o cargo de chefe de polícia do Paraná e elaborou as bases da Constituição Política daquele Estado. Em 1891, foi nomeado lente catedrático da Faculdade de Direito de São Paulo, onde também ocuparia a sua direção no período de (1916-1925). Foi eleito deputado estadual em 1896, e deputado federal por São Paulo, em 1894. Renunciou ao mandato em 1895 e foi eleito senador estadual em 1896. Exerceu o cargo de ministro da Justiça da presidência Hermes da Fonseca, de 11 de agosto de 1913 a 15 de novembro de 1914. Em 14 de dezembro de 1918, foi nomeado secretário da Justiça e da Segurança Pública do Estado de São Paulo, na presidência Altino Arantes e, então, inaugurou a Penitenciária de São Paulo e lançou a pedra fundamental do Palácio da Justiça. Em 1922, foi eleito senador estadual, e, logo depois deputado federal por São Paulo, tendo sido o relator da reforma constitucional levada a efeito sob a presidência Arthur Bernardes. Foi posto em disponibilidade no cargo de professor catedrático, por decreto de 29 de agosto de 1925, e, nesse mesmo ano, por decreto de 7 de dezembro de 1925, foi nomeado ministro do Supremo Tribunal Federal.

[6] Oscar Fingal O'Flahertie Wills Wilde (1854-1900). Poeta e dramaturgo irlandês. Estudou em Oxford, onde tomou contato com John Ruskin, estabelecendo fortes ligações com o movimento estético que pregava a apreciação do belo e a arte pela arte. Escreveu *Vera* (1880) e *Poemas* (1881) e deu conferências nos Estados Unidos e no Canadá antes de se transferir, em 1883, para Paris, onde redigiu a peça *A Duquesa de Pádua*. De volta a Dublin em 1884, casou-se com Constance Lloyd, rica herdeira, com quem teve dois filhos. Em 1890 lançou o romance *O Retrato de Dorian Gray*, publicado na Lippincott's Magazine. Suas peças *Salomé* (1893), *Um marido ideal* (1895) e *A importância de ser prudente* (1895) foram recebidas de maneira entusiás-

tica. Entre 1895 e 1897, cumpriu pena na prisão de Reading por crimes de natureza sexual. João do Rio traduziu e publicou na revista *Kosmos* a peça *Salomé*, e na *Renascença*, *Frases e filosofias para uso da juventude*, ambas em 1905. *O Retrato de Dorian Gray* também foi traduzido e publicado sob a forma de folhetim no jornal carioca *A Noite*, entre 1911-12.

Como imagino o Municipal amanhã

[1] Erguido entre 1903 e 1911, no local onde fora desapropiada a Chácara Rodovalho. Teve seu projeto elaborado por Domizziano Rossi, do escritório do engenheiro Ramos de Azevedo, e Cláudio Rossi, antigo cenógrafo e empresário teatral. Com partido decalcado no Ópera de Paris, riscada por Charles Garnier, o teatro paulistano apresenta os três volumes básicos que compõem a edificação francesa: a parte frontal reservada à recepção; a cúpula, que assinala a presença da sala de espetáculos; a assistência, a caixa de cena, na parte posterior da construção, onde se concentra a encenação. De aparência retórica e triunfal, no edifício empregou-se grande quantidade de material variado e custoso. Afinal, nesse tipo de teatro, o espetáculo é antes de mais nada uma grande cerimônia social e a função do luxo na decoração arquitetônica é elevar o máximo o esplendor dessa cerimônia. Além das apresentações sinfônicas e líricas, o teatro foi palco de jantares e homenagens promovidas por políticos ligados ao Partido Republicano Paulista (PRP).

[2] Covent Garden Theatre foi instalado, em 1732, na cidade de Londres. Embora, tenha sido palco de várias apresentações operísticas, somente a partir de 1847, com Semíramis de Rossini, que o teatro passou a ser identificado como uma casa devotada à ópera. A designação Ópera Real (Royal Opera House) foi atribuída em 1892. No original, grafado Cauvent Garden.

[3] O Teatro di San Carlo foi encomendado pelo rei Carlos de Bourbon ao arquiteto Giovanni Antonio Medrano. Ele foi inaugurado em 1737, com a ópera de Metastásio, *Achille in Sciro*. Destruído por um incêndio em 1816, ele foi reconstruído e continuou a ser almejado como o palco que consagraria grandes compositores (Rossini, Verdi e Puccini) e maestros, como Toscanini.

[4] José Bonifácio de Andrada e Silva (1763-1838). Estudou em Coimbra, fundou a primeira cátedra de metalurgia em uma universidade portuguesa. Eleito para a representação brasileira nas Cortes Constitucionais de Lisboa, em 1819, assumiu a defesa da independência política e da monarquia constitucional. Por influenciar bastante o príncipe regente durante o processo de independência, passou a ser conhecido como "Patriarca da Independência". Foi nomeado ministro do Reino e dos Negócios Estrangeiros, mas em função de divergências com D. Pedro I durante o processo constituinte (1823), exilou-se na França. Depois de se reconciliar com o

Imperador e da abdicação deste (1831), foi nomeado tutor do príncipe herdeiro, dom Pedro II.

[5] Autocontrole, em inglês. No original, está grafado Self-controle.

[6] Francisco de Paula Ramos de Azevedo (1851-1928) teve um significativo papel para a arquitetura paulista e para o patrimônio histórico do Estado. Graduado em arquitetura pela Universidade de Gante (Bélgica), em 1878, ele foi juntamente com Paula Souza um dos fundadores da Escola Politécnica (1894). Além das muitas obras realizadas em Campinas (SP), sua terra natal, o escritório de Ramos de Azevedo é responsável pela materialização de edifícios públicos e privados, civis e militares, que contribuíram para a construção de uma identidade moderna para a cidade de São Paulo. Dentre as suas obras, destacam-se: o Teatro Municipal; o Quartel da Luz, que abriga o Batalhão Tobias de Aguiar, da PM, na Avenida Tiradentes; o atual prédio da Pinacoteca, antigo Liceu de Artes e Ofícios; o edifício dos Correios e Telégrafos, na Avenida São João; a sede da Escola Normal de São Paulo, posteriormente Escola Caetano de Campos, na Praça da República; o prédio da Politécnica, na Tiradentes; o Hospital Psiquiátrico do Juqueri; as Secretarias da Fazenda e da Agricultura, instaladas no Largo do Palácio, antiga denominação do Pátio do Colégio; o Palácio das Indústrias, atual sede da Prefeitura, localizado no Parque Dom Pedro; além da Casa das Rosas, na Avenida Paulista, e muitas outras residências privadas.

[7] Político, chefe militar e orador ateniense (c.495-430a.C). Sob sua gestão a cidade viveu um período de riqueza econômica e cultural e de estabilidade política e social.

[8] Denominação de um período da Renascença italiana que compreende o século XV. Convém sublinhar que, neste contexto, a arquitetura civil e religiosa se renova com releitura da tradição clássica, abrindo espaço para janelas, pátios internos e arcadas.

[9] Os irmãos August (1767-1845) e Friedrich Schlegel (1772-1829) escreveram diversos ensaios críticos, estéticos e filosóficos que proporcionaram os fundamentos teóricos para o romantismo alemão.

[10] Campos Elísios (Champs Élysées) é o nome de uma avenida parisiense que parte da Praça da Concórdia ao Arco do Triunfo. Sua construção foi iniciada sob o reinado de Luís XIV e concluída por Luís XV.

[11] Grande hospedaria onde se reúnem viajantes de todos os países (caravançará), em francês.

[12] Referência à família de empresários norte-americanos. O patriarca Cornelius (1794-1877) iniciou com um serviço de balsas a construção de um império naval. A partir de 1860, adquiriu gradualmente o controle das ferrovias dos leste, inclusive a rota Nova York–Chicago. Criou a Universidade Vanderbilt em Nashville, Tennesse.

[13] Referência ao ex-presidente americano, Theodore Roosevelt (1858-1919), eleito em 1904. Sua política externa foi marcada pelo imperialismo e intervencionismo (Filipinas, Panamá, São Domingos e Cuba), internamente lutou contra o desperdício e os monopólios. Visitou o Brasil em 1913, empreendendo uma expedição com o Coronel Rondon no interior do Mato Grosso e Amazonas, posteriormente convertido em livro *Through the Brazilian Wilderness* (1914).

Em São Paulo

[1] Francisco de Assis Rosa e Silva (1856-1929). Jornalista, advogado e político pernambucano. Foi deputado provincial (1882-1887), deputado-geral (1886-1889) e ministro da Justiça em 1889. Eleito deputado federal republicano foi Constituinte em 1891, reelegendo-se nas legislaturas seguintes. Em 1898, foi eleito vice-presidente da República na chapa de Campos Sales. Três vezes eleito senador por Pernambuco (1903, 1915 e 1924). Um dos fundadores do Partido Republicano Federal e do Partido Republicano de Pernambuco, colaborador do jornal *O Tempo*. Presidiu a Câmara dos Deputados entre 1894 e 1895. Emídio Dantas Barreto (1850-1931) foi marechal-de-exército, historiador militar e jornalista. Depois de participar como voluntário na Guerra do Paraguai, voltou ao Brasil e fez o curso de artilharia na Escola Militar do Rio de Janeiro. Tomou parte na campanha de Canudos, tendo sido seus esforços coroados com a promoção a coronel. Foi ministro da Guerra de Hermes da Fonseca. Demitiu-se para assumir o governo de Pernambuco (1911-1915), Estado que o elegeu senador (1916-1918). Participou do chamado salvacionismo, movimento do qual se desligou mais tarde. Em 1910, foi eleito membro da Academia Brasileira de Letras e apesar dos encargos militares e políticos, dedicou-se também à literatura, tornando-se conhecido por suas atividades de cronista, romancista e autor teatral. Colaborou na *Revista Americana* do Rio de Janeiro e no *Jornal do Comércio* de Porto Alegre.

[2] Vagão, em inglês. No original, grafado incorretamente vagon.

[3] Elegância, bom gosto, em francês.

[4] Apesar de politicamente ter sido derrotada nas eleições para presidente, em 1891, a elite paulista apoiou econômica e militarmente o governo de Floriano Peixoto que enfrentou a Revolução Federalista (1892), no Rio Grande do Sul, e o assédio da Marinha contra a Capital Federal na Revolta da Armada (1893).

[5] Manuel Joaquim de Albuquerque Lins (1852-1926). Formado pela Faculdade de Direito do Recife. Em São Paulo foi eleito deputado à Assembléia Provincial para o biênio 1888-1889. Com o advento da República, em 1889, perdeu sua cadeira de deputado, elegendo-se, no entanto, vereador da Capital. Durante toda a legislatura, pelo voto unânime de seus companheiros, foi Presidente da Câmara Municipal. Em 1891 ocupou a vaga no

Senado Estadual. Convidado por Jorge Tibiriçá, Presidente de São Paulo, para secretário da Fazenda de seu governo adotou a política de valorização do café. Sua atuação foi tão extraordinária no desenvolvimento dessa política que venceu a Campos Sales na Convenção Partidária para escolha do candidato a Presidente do Estado. Durante seu quatriênio governamental (1908-11), Albuquerque Lins prosseguiu a sua política de valorização do café e incrementou a entrada de emigrantes, cujo número ascendeu a 185.367 em sua gestão. Fomentou a construção de numerosos grupos escolares, tanto na Capital como no interior, e iniciou a reforma do regime penitenciário, tendo lançado a pedra fundamental da Penitenciária do Estado. Candidato a Vice-Presidente da República, na chapa civilista de Rui Barbosa, teve perturbado os dois últimos anos de seu governo pela vindita do Marechal Hermes da Fonseca, que ameaçara uma intervenção federal. Entregando o governo normalmente a Francisco de Paula Rodrigues Alves, ainda se elegeu Senador Estadual e Membro da Comissão Diretora do Partido Republicano Paulista, cargos que conservou até sua morte.

[6] Washington Luís Pereira da Silva (1869-1957). Formado em Direito pela Faculdade de São Paulo. Iniciou sua carreira política na cidade de Batatais (SP), onde foi vereador e intendente municipal (1897-1898). Em 1904, elegeu-se deputado estadual, deixando o mandato em 1906 para ocupar a Secretaria de Justiça do estado. Em 1910, com a renovação do governo paulista, foi mantido à frente da Secretaria de Justiça. Durante essas duas gestões, buscou organizar a força policial do estado de São Paulo, designando bacharéis para substituir os "coronéis" das delegacias do interior. Deixou esse cargo em 1914, ocupando a prefeitura da capital de São Paulo até 1920, quando passou à presidência do Estado. Nessa altura, Washington Luís tornara-se um dos principais líderes do PRP (Partido Republicano Paulista), que o escolheu para disputar a presidência da República, em 1925. Eleito, pautou sua administração pelo lema "governar é abrir estradas", inaugurando as rodovias Rio–São Paulo e Rio–Petrópolis. Para sucedê-lo na presidência, apoiou o paulista Júlio Prestes, desencadeando insatisfação nos políticos de Minas Gerais. A vitória de Júlio Prestes nas eleições de 1º de março de 1930 revoltou os opositores do regime, culminando com o movimento revolucionário de outubro de 1930, que depôs o presidente em exercício Washington Luís, a poucos dias de completar seu mandato, determinando assim o fim da República Velha.

[7] Carlos Augusto Pereira Guimarães (1862-1927). Formado em Direito pela Faculdade de São Paulo. Foi vereador e presidente da Câmara Municipal de Campinas. Em 1888, elegeu-se deputado no Congresso Legislativo Paulista. Como secretário do Interior (1908-1912) dedicou-se à educação com a reforma da Escola Politécnica, fundação de escolas normais primárias e secundárias e a criação de cursos noturnos. Foi eleito para o cargo de Vice-Presidente do Estado no quadriênio 1912-1916.

[8] Antonio de Pádua Sales (1860-1957). Formado em Direito pela Faculdade de São Paulo. Foi deputado federal (1896-1899), duas vezes deputado estadual (1898-1903) e senador estadual (1903). Foi secretário de Agricultura no governo Washington Luís e ministro da Agricultura na presidência de Delfim Moreira. Com o malogro de 1932 foi encarcerado. Por vários anos foi presidente da Companhia Paulista de Estradas de Ferro e do Banco do Comércio e Indústrias de São Paulo.

[9] Embora estivesse muito longe de incorporar o contingente de alunos potenciais, o período 1908-1911 foi marcado pela expansão da rede escolar oficial, sobretudo pelas escolas de primeiras letras, denominadas de Grupos Escolares. Sob a gestão de Carlos Guimarães na Secretaria do Interior e Oscar Thompson na Inspetoria de Ensino foram criados, em 1908, os Grupos Escolares do Cambuci (capital), de Porto Feliz, São José do Rio Pardo e Santo Amaro, as Escolas Reunidas de Jardinópolis, Pedreira, Monte Alto, Indaiatuba e Lapa (capital); em 1909, os Grupos Escolares da Vila Mariana e Santana, na capital, os de Cajuru, Cravinhos, Ribeirão Bonito, São Bento do Sapucaí e a Escola Mista de Dourado; em 1910, os Grupos Escolares de Dois Córregos, Itararé, São Pedro e Santo Amaro.

[10] Olavo Egídio de Souza Aranha (1862-1928). Bacharelou-se em Direito pela Faculdade do Recife. Ingressou na vida pública pelo Partido Liberal, sendo eleito Deputado Estadual paulista, em 1888. Com o advento do regime republicano, ingressou no Partido Republicano Paulista (PRP), do qual foi membro da Comissão Diretora. Ocupou o cargo de secretário da Fazenda, entre 1907 a 1912, e ainda foi interinamente o secretário da Agricultura, por diversas ocasiões. Elegeu-se para vereador e foi um dos principais líderes políticos na capital entre 1912 e 1924.

[11] Fernando Prestes de Albuquerque (1855-1937). Proprietário rural atuou como advogado provisionado. Como membro da direção do Partido Republicano Paulista (PRP), foi eleito deputado estadual na legislatura de 1892-1895. Como deputado federal exerceu mandatos em 1895-1898, 1901-1902 e 1903-1905. Em seu primeiro mandato como deputado estadual foi obrigado a afastar-se do cargo (10/11/1898) para assumir a presidência do Estado no lugar de Campos Sales, então eleito Presidente da República em 1919, como vice, substituiu Albuquerque Lins em 1910. Criou o Instituto Butantan, por sugestão do sanitarista Emílio Ribas. Fundou o Instituto Juqueri, que teve a direção de Franco da Rocha. Combateu surtos de febre amarela em Sorocaba e em Santos e, na capital, teve de enfrentar a peste bubônica. Depois de deixar a chefia do executivo paulista voltou para o Senado estadual entre 1906 e 1908, 1913 e 1916 e novamente entre 1916 e 1922. Por várias vezes foi vice-presidente do Estado: 1908-1912, 1922-1924 e 1924-1927.

[12] Francisco de Paula Rodrigues Alves (1848-1919). Bacharelou-se na Faculdade de Direito de São Paulo. Pela província de São Paulo, foi várias vezes depu-

tado provincial e deputado geral, exercendo também durante dois anos a presidência da mesma (1887 e 1888). Retornando ao lugar de deputado, apoiou o fim imediato do trabalho escravo, bem como a proclamação da República. Sob o regime republicano ocupou, entre 1891 e 1892, o Ministério da Fazenda, deixando o cargo em 1893 para se candidatar ao Senado. Rodrigues Alves foi designado novamente para a pasta da Fazenda, em 1895, pelo presidente Prudente de Morais. Entretanto, não concluiu a gestão, pois em 1897 conseguiu outro mandato de senador. Renunciou pela segunda vez à cadeira de senador para ocupar a presidência do estado de São Paulo. Durante muitos anos, foi o principal líder do PRP (Partido Republicano Paulista). Eleito presidente da República (1902-1906), favoreceu a implantação de um programa de remodelação da cidade do Rio de Janeiro pelo prefeito Pereira Passos, enfrentou uma revolta popular decorrente da obrigatoriedade da campanha da vacina, conduzida pelo sanitarista Oswaldo Cruz. Quanto à política econômica, Rodrigues Alves tentou impedir que os estados cafeicultores do sudeste sobrevalorizassem o preço do café (Convênio de Taubaté). Por sua vez, à frente da política internacional, o Barão do Rio Branco solucionou a Questão do Acre a contento dos países envolvidos. Ao findar o mandato presidencial, Rodrigues Alves retornou ao lugar de presidente do Estado de São Paulo. Encerrou sua agitada carreira política ao vencer por mais uma vez as eleições de presidente da República, a 1º de março de 1918. Entretanto, não chegou a tomar posse do cargo, falecendo na cidade do Rio de Janeiro a 17 de janeiro de 1919.

Em trem de luxo

[1] Água gaseificada.

[2] Pioneiro, em inglês. No original, grafado incorretamente pionier.

[3] André Gustavo Paulo de Frontin (1860-1933). Formado em engenharia e em ciências físicas e matemáticas pela Escola Politécnica do Rio de Janeiro. Teve destacado papel nas reformas urbanas empreendidas por Pereira Passos (1902-1906), tendo sido nomeado chefe da Comissão Construtora da Avenida Central (1903). Fundador do Derby Club em 1885 ganhou projeção nacional em virtude de seu trabalho para resolver o problema de abastecimento de água na cidade do Rio de Janeiro em 1889. Ligado também ao desenvolvimento das ferrovias no país, ocupou por duas vezes a direção da Estrada de Ferro Central do Brasil (1896-1897; 1910-1914), além de ter criado a Empresa Industrial Melhoramentos do Brasil. Assumiu a prefeitura do Distrito Federal de janeiro a julho de 1919, nomeado pelo presidente Delfim Moreira (1918-1919). Atuou como deputado e senador, perdendo o mandato com a Revolução de 1930.

[4] Marca ou característica, em francês.

[5] Tenente, em inglês.

[6] Fundado em 1908 pelo Conselheiro Antonio Prado, foi instalado provisoriamente no Palacete Martinico, à Rua de São Bento 77. Tinha por finalidade promover o automobilismo, organizar concursos e conseguir dos poderes públicos a conservação das antigas e abertura de novas estradas. Sua sede foi um dos centros de convivialidade da elite paulistana. De acordo com informe publicado em 1913, "o Club será transferido para a Rua Líbero Badaró 46, onde adquiriu terreno de 16 X 30 para ser edificado edifício de três andares, comportando: salão de leitura, salão de danças, salão de recepção, restaurante, salão de chá para famílias, sala de bilhar, sala de jogo, barbearia, etc. Possui 230 sócios". Em 1914, a sede do Automóvel *Club* foi transferida para a rua Líbero Badaró 106, ocupando um dos Palacetes Prates, projetados pelo arquiteto Samuel Neves. Os prédios Conde Prates foram demolidos na década de 1950.

[7] Aperto de mãos, em inglês.

[8] Olavo Egídio de Souza Aranha Filho (1897-?). Engenheiro civil e arquiteto pela Escola Politécnica (SP). Fundou em 1907 uma empresa de importação de materiais elétricos, telefônicos, equipamentos para a construção civil, e escritório técnico que esteve ligado à construção de estradas de ferro, canalização do Tamanduateí e obras de engenharia civil.

[9] D. Luís de Orleans e Bragança (1878-1920). Filho da Princesa Isabel e herdeiro presuntivo da Casa Imperial brasileira. Depois do banimento da Família Imperial, tentou desembarcar no Rio de Janeiro e depois em Santos no ano de 1906, mas foi impedido pelo presidente Afonso Pena. O relato desta viagem que também se estendeu pela Argentina, Uruguai, Paraguai, Chile e Bolívia foi publicado em francês sob o título *Sous la croix du Sud*. Em 1915 disputou uma vaga na Academia Brasileira de Letras com o poeta Goulart de Andrade, sendo derrotado por 20 votos a 9.

[10] Paulo da Silva Prado (1869-1943). Formado em Direito pela Faculdade de São Paulo. Ensaísta e historiador foi um dos mecenas da Semana de Arte de 1922. Dirigiu a *Revista do Brasil* e a *Revista Nova*, publicou *Paulística* (1925) e *Retrato do Brasil* (1928). Representou São Paulo no Comitê de Valorização do Café, em 1913-1916, e participou das transações do governo do Estado e banqueiros europeus.

[11] Manoel Pedro Villaboim. Formado em Ciências Jurídicas pela Faculdade do Recife. Foi juiz, professor da Faculdade de Direito de São Paulo e deputado estadual (1910-1915) e federal (1915-1929). Dirigiu o jornal *Correio Paulistano*.

[12] A Constituição brasileira de 1891 transformou as províncias em estados federados com autonomia constitucional. A Carta Constitucional de São Paulo foi promulgada em 14/07/1891 e instituía um poder legislativo bicameral, o Congresso Legislativo, formado pela Câmara e pelo Senado. O Legislativo paulista estava instalado no Largo da Cadeia (atual Praça João Mendes).

[13] Estácio de Albuquerque Coimbra (1872-1937). Formado em Direito pela Faculdade do Recife, advogou em Água Preta, Rio Formoso e Barreiros (PE) onde foi prefeito e, pouco depois, eleito deputado estadual, tornando-se líder e componente das Comissões de Justiça e Finanças. Em 1889 foi eleito deputado federal apoiado pela oligarquia "rosista", comandada pelo conselheiro Francisco de Assis Rosa e Silva (vice-presidente da República, no governo Campos Sales, 1898-1902). Eleito deputado federal em 1915 permaneceu até 1922, exercendo posteriormente o cargo de ministro da Agricultura (na gestão de Epitácio Pessoa, 1919-22) e Vice-Presidente da República, no governo de Artur Bernardes (1922-26), e assumiu também a presidência do Senado e do Congresso Nacional.

[14] José Gomes Pinheiro Machado (1851-1913). Formado em Direito pela Faculdade de São Paulo. Foi senador pelo Rio Grande do Sul na Assembléia Constituinte de 1891. Durante a Revolução Federalista, esteve do lado de Júlio de Castilhos. Entre 1905-14 foi líder da bancada gaúcha, Presidente do Senado e presidente da Comissão de Verificação. Em 1912, após a eleição de Hermes da Fonseca, organizou o Partido Republicano Conservador (PRC).

[15] Jean Jaurès (1859-1914). Político, jornalista e orador francês. Co-fundador do jornal *L'Humanité* e uma das principais lideranças do Partido Socialista. Atuou como membro da Câmara do Deputados (1885-1889, 1893-1898, 1902-1914). Jaurès esteve no Rio de Janeiro e São Paulo em 1912.

[16] Sabino Alves Barroso Jr. (1858-1919). Bacharel em Direito pela Faculdade de São Paulo. Em 1902, foi indicado por Campos Sales para a vaga de Vice-Presidente da República, aberta pelo falecimento de Silviano Brandão, preenchida com a eleição de Afonso Pena. Foi presidente da Câmara dos Deputados (1909-1914) e ministro da Fazenda (1914-1915).

[17] Francisco Aurélio de Figueiredo e Mello (1854-1916) foi pintor, escultor, desenhista, caricaturista e escritor. Estudou na Academia Imperial de Belas Artes, no Rio de Janeiro, sob a orientação de seu irmão, o pintor Pedro Américo, e de Julio Le Chevrel. Na pintura, dedicou-se à composição de temas históricos, geralmente executados em telas de grandes dimensões e características formais convencionais. O seu quadro *O descobrimento do Brasil* foi premiado no concurso realizado por ocasião do 4º centenário do descobrimento, em 1900.

[18] Carlos de Campos (1866-1927). Formou-se em direito, no ano de 1887, pela Faculdade do Largo de São Francisco. Era compositor e estudioso da música. Foi fundador e membro da Academia Paulista de Letras, sendo titular da cadeira nº 16. Sua carreira política teve início como membro do Conselho de Intendência Municipal de Amparo, em 1890. Pouco depois já começou a atuar como deputado estadual, de 1895 até 1915, sendo presidente da Assembléia entre 1907 e 1915. Em 1896 já havia ocupado o cargo

de Secretário de Estado da Justiça. Entre 1915 e 1918 foi senador estadual. Passando a atuar na área federal foi deputado federal (1918-1923) e se tornou líder da maioria no governo do Presidente Epitácio Pessoa. Iniciou seu mandato como presidente do Estado de São Paulo em maio de 1924. Dois meses depois, eclodiu a Revolução dos Tenentes, obrigando-o a se refugiar em Guaiaúna, onde estavam concentradas as forças legalistas. Nessa administração foi criada a Guarda Civil, e a Força Pública passou a contar com uma esquadrilha de aeroplanos. Faleceu em São Paulo, antes de cumprir seu mandato, em 27/04/1927.

[19] Wladimiro Augusto do Amaral (1869 – ?). Formado em Direito pela Faculdade de São Paulo. Foi fazendeiro em Santa Cruz das Palmeiras e deputado estadual (1910-1912, 1916-1918).

[20] Antonio Álvares Lobo (1860 – 1927). Após concluir a Faculdade de Direito de São Paulo, em 1884, começou a advogar em Campinas, com Francisco Glicério, considerado uma das principais figuras republicanas de São Paulo. Participou, ativamente, da campanha abolicionista. Na época da Proclamação da República, era o presidente do Clube Republicano. Com o novo regime, constituiu-se, em janeiro de 1890, o primeiro conselho de intendentes de Campinas. Coube a ele a presidência da Intendência e, conseqüentemente, a chefia do Executivo. Em 1894, na renovação da Câmara Municipal, foi designado para a função de intendente de higiene e, mais tarde, de intendente geral. Nessa época, uma epidemia de febre amarela assolou Campinas, quando demonstrou empenho e energia no exercício do posto, enfrentando a resistência popular em cumprir suas rigorosas prescrições de higiene para debelar a doença. Com grande prestígio no Partido Republicano, foi eleito vereador em três triênios. Em 1902, foi eleito deputado no Congresso Paulista, onde fez parte da Comissão de Revisão Constitucional e compôs a Comissão de Justiça e de Finanças. No ano seguinte, participou com eficiência das discussões sobre a superprodução de café, criticando o projeto de Quintino Bocaiúva. Em 1911, presidiu à Câmara Municipal de Campinas. Durante dez anos – de 1901 a 1911 – foi fiscal do Governo Federal junto ao Ginásio de Campinas. Em 1915, elegeu-se presidente da Câmara de Deputados, ocupando o cargo até a presidência de Carlos de Campos (1927).

[21] Coisa dita ou feita à propósito, em francês.

[22] José Joaquim de Campos da Costa de Medeiros e Albuquerque (1867–1934) foi jornalista, professor, político, contista, poeta, orador, romancista, teatrólogo, ensaísta e memorialista. Estudou no Colégio Pedro II e, em Lisboa, na Escola Acadêmica. De volta ao Rio de Janeiro, fez um curso de História Natural com Emílio Goeldi e foi aluno particular de Sílvio Romero. Trabalhou inicialmente como professor primário adjunto, entrando em contato com os escritores e poetas da época, como Paula Ney e Pardal

Mallet. Estreou na literatura em 1889 com os livros de poesia *Pecados* e *Canções da decadência*, em que revelou conhecimento da estética simbolista, como testemunha a sua "Proclamação decadente". Colaborou em diversos jornais e revistas nacionais, muitos dos quais dirigiu. Em 1888 estava no jornal *Novidades*, ao lado de Alcindo Guanabara. Embora tivesse entusiasmo pela idéia abolicionista, não tomou parte na propaganda. Fazia parte do grupo republicano. Nas vésperas da proclamação da República, foi a São Paulo em missão junto a Glicério e Campos Sales. Com a vitória da República, foi nomeado, pelo ministro Aristides Lobo, secretário do Ministério do Interior e, em 1892, por Benjamin Constant, vice-diretor do Ginásio Nacional. Foi professor da Escola de Belas Artes (desde 1890), vogal e presidente do Conservatório Dramático (1890-1892) e professor das escolas de 2º grau (1890-1897). É o autor da letra do Hino da República. Como deputado federal (1894) obteve a aprovação da lei dos direitos autorais, foi diretor da Instrução Pública (1897 — 1906) e autor da reforma ortográfica de 1907. Defendeu a entrada do Brasil na I Guerra Mundial, em campanha que contribuiu para o rompimento de relações do Brasil com a Alemanha. Suas conferências se tornaram famosas no Rio de Janeiro. Ocupou a Secretaria Geral da ABL de 1899 a 1917.

[23] Nome de vias públicas localizadas, respectivamente, em Londres, Paris e Gênova.

Impressões de São Paulo/ A Força Pública

[1] A Missão Francesa foi contratada em 1906 pelo presidente do Estado de São Paulo Jorge Tibiriçá. A reorganização da força policial estava diretamente ligada aos procedimentos disciplinares visando controlar a ordem social. Aos olhos dos dirigentes, as manifestações dos ferroviários da Companhia Paulista, em 1905, indicavam que as reivindicações dos trabalhadores eram uma questão de polícia. Além do adestramento das tropas com base nos métodos adotados nos exércitos nacionais, investiu-se na modernização dos equipamentos. A Força Pública proporcionou ao governo um aparato legal de defesa e repressão.

[2] Enrico Ferri (1856-1926). Criminologista italiano empreendeu estudos com base nos pressupostos de Cesare Lombroso, enfatizando os fatores econômicos e sociais. Sua argumentação rejeitava a mera ação punitiva e o sistema prisional, recomendando a ação preventiva. O código penal da Argentina (1921) foi baseado nestes pressupostos e o projeto que ele redigiu para a Itália foi recusado pelo governo fascista. Ferri foi editor por muitos anos do diário socialista *Avanti*. Esteve em São Paulo em duas oportunidades, em 1908 e 1910. Guglielmo Ferrero (1871-1942). Homem de letras italiano dedicou-se à história, sociologia e psicologia. Colaborou com o seu padrasto Cesare Lombroso na redação de *La donna delinqüente* (1893). Crítico severo

do fascismo foi exilado por Mussolini, tornando-se professor de História da Universidade de Genebra, onde lecionou história romana. Esteve em São Paulo em 1907. Georges Clemenceau (1849-1929) estadista francês. Entrou para a Assembléia Nacional (1871) como republicano anticlerical. Lutou por justiça para Dreyfus, mas, como ministro do Interior e primeiro-ministro (1906-1909), reprimiu impiedosamente greves e demonstrações populares. Em 1917, no ápice do derrotismo francês, formou o gabinete da vitória, que tinha a si próprio como ministro da Guerra, persuadindo os aliados a aceitar Foch como comandante-em-chefe. Apelidado de "O Tigre", tornou-se o presidente da Conferência de Paz de Versalhes em 1919, onde, além da restauração da Alsácia-Lorena para a França, reivindicou a bacia do Sarre e a permanente separação da margem ocidental do Reno da Alemanha, que deveria também pagar o custo total da guerra. Não conseguindo todas as reivindicações, perdeu popularidade e foi derrotado na eleição presidencial de 1920. Esteve em São Paulo em 1910. Jacques-Antoine Anatole Thibault (1844-1924), romancista e crítico francês. Estudou os clássicos no colégio jesuíta Stanislas e, mais tarde, história medieval na École des Chartes. Em 1873, publicou os versos parnasianos *Poemas dourados* e *Bodas Coríntias*, um drama em versos. Também escreveu vários volumes de memórias infantis, entre eles *O livro de meu amigo* (1885) e ensaios de crítica literária. Em 1896, foi eleito para a Academia Francesa e, no ano seguinte, ao ficar do lado dos defensores de Dreyfus, seu trabalho literário ganhou cunho político, passando de liberal a socialista e, no fim da vida, a comunista. Desse período, é *História contemporânea*, série de quatro romances (1897-1901). Suas obras já apresentavam preocupações sociais bem definidas, como em *O caso Crainquebille* (1902), *A ilha dos pingüins* (1908), *A revolta dos anjos* (1914) e *Os deuses têm sede* (1912), de aguda sensibilidade diante das misérias sociais. Seu estilo característico é a sátira social refinada, como, por exemplo, *A revolta dos anjos* (1914). Recebeu o Prêmio Nobel de Literatura em 1921. Esteve em São Paulo em 1909.

[3] O Jardim da Infância foi projetado por Ramos de Azevedo e inaugurado em 1896, ocupando um terreno nos fundos da Escola Normal. Num tempo ainda marcado pela educação doméstica, ele representou uma novidade que se integrava ao programa republicano de formar cidadãos. Além da função educativa, seu edifício sediou tertúlias e concertos.

[4] Inicialmente foi criada em 1846, visando oferecer em dois anos a formação de professores primários. Proclamada a República e nomeado para a direção o Dr. Antonio Caetano de Campos a instituição foi reorganizada e o curso passou a ter quatro anos. Depois de permanecer por alguns anos instalada no pavimento térreo do Tesouro Provincial, passou a funcionar no edifício projetado por Paula Souza e Ramos de Azevedo, na Praça da República, em 1894. Convém sublinhar que este foi o primeiro de muitos projetos escolares encomendados a Ramos de Azevedo.

⁵ Abel Acácio de Almeida Botelho (1855-1917). Ingressou no Colégio Militar em 1867 e freqüentou o curso do Estado-Maior do Exército português entre 1876 e 1878. Manteve uma intensa colaboração nas publicações literárias (*Boêmia Nova, O Século, Revista Literária, Revista Moderna*), foi diretor de *O Repórter*, publicou poesias, prosa e drama. Depois de implantada a República (1910), elegeu-se senador e deputado.

⁶ A Banda do Corpo Municipal Permanente foi organizada como um conjunto musical da polícia em 1831 pelo presidente da Província, brigadeiro Tobias de Aguiar. Sua estruturação efetiva como banda só ocorrerá em 1856-1857. Com o advento da República, a banda passou a ser denominada da Força Pública. Suas apresentações em festas cívicas e nos parques da cidade arrebatavam multidões. O repertório que era extenso e variado, incluindo marchas, maxixes, polcas, valsas e trechos de óperas, operetas e sinfonias. De acordo com Vinci, "a banda era integrada por pessoas sem recursos que viam no seu engajamento na polícia uma forma de sobreviverem através da música e um modo de se aprimorarem tecnicamente sem gasto financeiro". A afirmação de JR parece ser de uma parcialidade desmedida, pois a Banda do Corpo de Bombeiros da cidade do Rio de Janeiro, organizada pelo mulato chorão Anacleto Medeiros, foi a banda militar mais popular e de maior sucesso em todo o Brasil, tendo inclusive participado das primeiras gravações de disco no país pela Casa Edison (RJ).

⁷ Paul Balagny (1863-?). Oficial de artilharia francês. Depois de participar de operações militares na Indochina, freqüentou a Escola Superior de Guerra, indo em 1901 para o Serviço Geográfico do Exército. Chegou a São Paulo em 21 de março de 1906 à convite de Jorge Tibiriçá, presidente do Estado de São Paulo, para comandar a Missão Francesa. Inicialmente, a Missão fora contratada por dois anos, mas acabou permanecendo até agosto de 1914, quando retornaram à França com a deflagração da I Guerra Mundial. No texto de JR, o nome do oficial aparece grafado como Balingny.

⁸ Turista, em francês.

O Serviço Florestal de São Paulo

¹ Linha de trem, em inglês.

² Alberto Loefgren (1854-1918). Nascido na Suécia fez seus estudos na Universidade de Upsala. Veio ao Brasil como integrante de uma missão da Academia de Ciências de Estocolmo e por aqui permaneceu como engenheiro da Companhia Paulista de Estradas de Ferro. Lecionou em Campinas, organizou as seções de botânica e de meteorologia da Comissão Geográfica e Geológica do Estado. Em 1908 transferiu-se para a Inspetoria de Obras contra a Seca do Norte do Brasil, e em 1913 passou a dirigir o Jardim botânico do Rio de Janeiro.

[3] Carlos José Botelho (1855-1947). Formado em Medicina pela Faculdade de Montpellier (França). Criou o primeiro hospital cirúrgico da cidade de São Paulo e, em 1894, foi diretor clínico da Santa Casa. Em 1892, construiu na propriedade da família o Jardim da Aclimação, transformado em local de lazer, sediou também o primeiro parque zoológico. No período 1904-1908, foi secretário da Agricultura, Viação e Obras Públicas, destacando-se pelo desbravamento das regiões noroeste, alta paulista e sorocabana, promoveu o saneamento do porto de Santos e fundou a Escola Superior de Agricultura "Luiz de Queiroz".

[4] Jorge Tibiriçá (1855-1928). Estudou agronomia na Alemanha e filosofia na Suíça. Foi senador estadual (1892-1901) e ocupou a secretaria da Agricultura (1892-1896), organizando o serviço de águas e esgoto. Na presidência do Estado de São Paulo (1904-1908) criou a polícia de carreira (Força Pública) treinada por militares oriundos da Missão Francesa, promoveu a reforma eleitoral por turnos, incentivou o desenvolvimento da pecuária e do cultivo de arroz, participou da Convenção de Taubaté, promoveu a criação do ensino técnico agrícola e da Escola Superior de Agricultura "Luiz de Queiroz", fomentou a imigração e a colonização.

[5] Edmundo Navarro de Andrade (1881-1941). Cursou a Escola Nacional de Agricultura, de Coimbra. Foi Diretor do Horto Florestal da Companhia Paulista de Estradas de Ferro, implantou diversos programas de reflorestamento, publicou vários ensaios sobre o uso do eucalipto e ocupou a Secretaria da Agricultura do Estado de São Paulo (1930-1931). No texto, o nome citado incorretamente é Raimundo.

Oração à mocidade

[1] Chefe, comandante, em italiano.

[2] Conde Alfred Victor Vigny (1797-1863). Poeta, romancista e dramaturgo francês. Depois de um período dedicado à carreira militar (1814-1828), foi freqüentador dos círculos românticos, de caráter católico e legitimista. Suas obras mais conhecidas são os *Poèmes antiques et modernes* (1826), o romance histórico *Cinq-Mars* (1826) e o drama *Chatterton* (1835).

[3] Personagem das lendas arturianas sobre o Santo Graal.

[4] Trata-se de uma analogia entre o papel representado pela Faculdade de Direito de São Paulo e o Partenon, construído na cidade de Atenas na época de Péricles, que era um templo devotado à deusa Palas Atena, deusa da sabedoria e da guerra.

Hora de arte

[1] Amadeu Ataliba Arruda Amaral Leite Penteado (1875-1929) foi jornalista (colaborou no *Correio Paulistano, O Commércio de São Paulo, Gazeta de*

Notícias, O Estado de S. Paulo), poeta, cronista, crítico e filólogo. Em 1909, perfila-se contra a candidatura do Marechal Hermes da Fonseca, adere à Campanha Civilista e defende com Olavo Bilac o serviço militar obrigatório. Foi um propagandista das virtudes do escotismo. No mesmo ano, defende em artigos na imprensa e posteriormente participa da fundação da Academia Paulista de Letras. Juntamente com Monteiro Lobato e outros intelectuais lança, em 1916, a *Revista do Brasil*. No ano de 1918 foi eleito para ocupar a vaga de Bilac na Academia Brasileira de Letras.

[2] Título do livro de poesias, publicado em 1902.

[3] Ver Amadeu Amaral, ("Árvores e poetas", in *Letras Floridas*, São Paulo, Hucitec/Secret. Estadual, 1976), p. 61-82. Palestra proferida em São Paulo, em 1914, e no Rio de Janeiro, em 1915. Esclarece Brito Broca que este episódio marcava um "intercâmbio cultural" entre as duas capitais. Depois da conferência relatada por João do Rio, Amadeu Amaral foi cercado de efusões, "ofereceram-lhe um grande banquete, com cardápio impresso, na Rotisserie Rio Branco, encontrando-se presentes, entre outros, Bilac, Olegário Mariano, Humberto de Campos, Alcides Maya, Bastos Tigre, Idelfonso Falcão, Lindolfo Xavier, Luis Edmundo". Acrescenta ainda que no dia seguinte, "outro grupo de escritores leva-o para almoçar em Niterói, onde à sobremesa Hermes Fontes o saúda com um soneto" cujo primeiro quarteto é: São Paulo não é só Pátria dos Bandeirantes/Berço da Independência e terra do café/São Paulo não é mais; São Paulo é terra de gigantes/Que deitados são mais do que muita gente em pé.

[4] João Coelho Gonçalves Lisboa foi senador pela Paraíba (1905-09) e defensor da candidatura hermista.

[5] Poetisa e romancista (1900-1975). Aos 15 anos publicou os primeiros versos nas revistas *Fon-Fon* e *Careta*. Posteriormente, foi colaboradora ativa d'*O Jornal, Jornal do Brasil, A Noite* e *Revista da Semana*. Destacam-se o livro de poesias *O rito pagão* (1921) e o romance *A seara de Caim* (1952).

[6] Emílio de Menezes (1866-1918). Jornalista e poeta, notabilizou-se pela verve humorística, pelas maneiras extravagantes de se vestir e pela vida boêmia no Rio de Janeiro da *Belle Époque*. Publicou, entre outros, *Poesias* (1909) e *Últimas rimas* (1917).

[7] Antonio Mariano Alberto de Oliveira (1857-1937). Poeta parnasiano, foi um dos fundadores da Academia Brasileira de Letras. Publicou, entre outros, *Meridionais* (1884), *Versos e rimas* (1895) e *Lira acaciana* (1900).

[8] Herculano Marcos Inglês de Sousa (1853-1918). Militou na advocacia, foi professor catedrático de Direito Comercial na Faculdade de Direito do Rio de Janeiro e também colaborou em diversos periódicos. Sob o pseudônimo de Luís Dolzâni, publicou o romance naturalista *O missionário*.

[9] Olegário Mariano Carneiro da Cunha (1889-1958). Ainda muito novo, o poeta colaborou em importantes publicações cariocas, como a *Renas-*

cença, Fon-Fon, Careta e no *Para Todos*. Aclamado Príncipe dos Poetas Brasileiros, em 1926, foi eleito para a Academia Brasileira de Letras no ano seguinte. Estreou com *Angelus* (1911), com prefácio de Guimarães Passos; *Sonetos* (1912); publicou, entre outros títulos, *Evangelho da sombra e do silêncio* (1913); *Água corrente* (1917), com carta-prefácio de Olavo Bilac.

No Automóvel *Club*

[1] Referência à dinastia iniciada por Meyer Amschel Rothschild (1743-1812) presente em vários países europeus, caracterizada pela atuação no setor financeiro e pela prática do mecenato. Desde o Império, foram credores do governo brasileiro.

[2] Líderes, em inglês.

[3] Círculos sólidos, em francês.

[4] Conforto, em francês.

[5] Cavalheiros, em inglês.

[6] Sala própria para fumar, em francês.

[7] José Paulino Nogueira foi fazendeiro, presidiu a Câmara Municipal de Campinas (1892), fundador do Banco Comercial de São Paulo (1912) e presidiu a Sociedade Hípica Paulista (1917).

[8] Antonio Rocco (1880-1944). Pintor italiano estudou no Instituto de Belas Artes de Nápoles. Estabelece-se em São Paulo em 1913, cinco anos mais tarde, em 1918, funda a Escola Novíssima, onde leciona pintura durante três anos. Neste mesmo ano, realiza sua primeira individual e elabora a capa da revista *A Cigarra*. Destacou-se como retratista e paisagista.

[9] Conde Sílvio Álvares Penteado (1881-1956). Cursou o Owens College, Inglaterra. Trabalhou na Fábrica de Juta Santana, de propriedade do pai, dedicou-se às práticas esportivas (primeira viagem de automóvel São Paulo – Ribeirão Preto, 1903; primeira ascensão vertical em balão esférico, 1905; campeão do circuito Itapecirica, pilotando um Fiat, em 1906). Doou o terreno no Largo São Francisco para a construção do novo prédio da Escola de Comércio de São Paulo, projetado por Carlos Ekman e inaugurado em 1908, fundou a Companhia Paulista de Aninhagens, em 1911. Publicou *A campanha da defesa do café* (1924) e monografias sobre economia política.

[10] Eduardo Pacheco Chaves (1887-1975). Herdeiro de tradicional família de plantadores de café foi para a França em 1911, onde ganhou o seu brevê de piloto aviador conferido pela Federation Aeronautique Internacionale, tornando-se, assim, o primeiro brasileiro a se diplomar na escola de Etapes. De volta, organiza então uma escola de aviação na região de Guapira, em São Paulo.

[11] Francisco de Oliveira Passos (1878-1958). Formado em engenharia pela Real Escola Superior Politécnica da Saxônia, Dresden. Trabalhou na Leopoldina Railway e E.F. Central do Brasil. Entre 1904 e 1908 foi consultor técnico da prefeitura do Rio de Janeiro e teve aprovado seu projeto para a construção do Teatro Municipal. Foi industrial e empresário, dirigiu o Centro Industrial do Brasil e foi membro do Conselho Nacional do Trabalho.

[12] Palavra turca que designa um prato da cozinha oriental composto de arroz semicozido com manteiga, temperado com pimentão, que se acrescenta carne de vaca moída ou carneiro.

[13] Restaurante francês instalado na rue Royale 3, na cidade de Paris, em 23/04/1893, pelo ex-garçon Máxime Gaillard. Desde a sua inauguração, o restaurante foi um templo da alta culinária, da sofisticação e um espaço de autopromoção para os seus freqüentadores.

[14] Antônio da Silva Prado (1840-1929). Formado pela Faculdade de Direito de São Paulo. Foi deputado provincial (1861, 1864) e deputado geral (1869-1875, 1885-1887). Em 1868, participou da fundação da Companhia Paulista de Estradas de Ferro, da qual foi presidente por 35 anos. Enquanto vereador da cidade de São Paulo esteve na presidência da Câmara e, por decorrência, no comando do poder executivo municipal de 1877 a 1880. Como ministro da Agricultura no gabinete Cotegipe (1885) endossou a Lei dos Sexagenários. Encabeçou o Ministério dos Estrangeiros e da Agricultura, no gabinete de João Alfredo (1888), promovendo a formação de colônias de imigrantes no Espírito Santo, Paraná, Santa Catarina, Rio Grande do Sul e São Paulo. Presidiu a Assembléia Legislativa Provincial (1888-1889). Proclamada a República, aderiu ao governo provisório e foi eleito deputado constituinte, em 1890. Como prefeito eleito da cidade de São Paulo (1899-1911), fez concessão à empresa Light and Power para explorar o transporte eletrificado, a geração e distribuição de energia elétrica; promoveu uma remodelação na cidade com a abertura de novas avenidas e praças, com a construção de escolas e o Teatro Municipal. Destacou-se também como jornalista combativo, foi redator do *Diário de São Paulo*, d'*O País* e proprietário do *Correio Paulistano*. Expandiu os negócios da família, liderando e se associando a diversos empreendimentos como o Banco do Comércio de São Paulo, Companhia Agrícola S. Martinho e Frigorífico de Barretos. Foi ainda fundador do Jockey Clube, do Automóvel *Club*, do Velódromo e do Balneário do Guarujá. Presidiu o Partido Democrático (PD).

Música e danças brasileiras

[1] Pseudônimo de Antonio Lopes de Amorim Dinis (1884-1953). Dançarino, revistógrafo, compositor, jornalista. De origem modesta, formou-se dentista aos 20 anos, abrindo consultório em Salvador. Em 1906 transferiu-se para o Rio de Janeiro, onde passou a freqüentar os pontos de en-

contro da boêmia carioca. Interessado em teatro, no mesmo ano estreou na peça *Gaspar Cacete*, de Eduardo Garrido, ao lado de outros amadores, tendo sido muito elogiado pela crítica carioca. Mais tarde, abandonou o teatro para dedicar-se à dança, onde se destacou por criar coreografia própria, com figurações exóticas, para as danças brasileiras, especialmente o maxixe, que empolgava a sociedade de então. Sem deixar a profissão de dentista, apresentava-se dançando nos clubes noturnos. Em 1909 passou seu consultório a outro dentista e foi para Paris, França, como representante de um produto farmacêutico, até que apareceu a oportunidade de exibir-se nos salões e teatros da capital francesa, dançando o maxixe. Fez grande sucesso ao lado de Maria Lino e Arlette Dorgère, e, já famoso, inaugurou em 1913 o Dancing Palace, no Luna Park, apresentando-se ao lado de sua partenaire Gaby, acompanhado pela Orquestre des Hawaiens. Foi o responsável pela transformação do maxixe e outras danças, consideradas no Brasil de baixa origem, em ritmos elegantes e apreciados nas altas rodas. Pouco depois, ainda na capital francesa, abriu uma escola de danças e fez apresentações em Londres, Inglaterra, e New York. Retornando ao Brasil em 1915, fundou uma academia de danças e no ano seguinte excursionou a Montevidéu e Buenos Aires. Atuou também no cinema, sendo protagonista, ao lado de Gaby, do filme *Entre a arte e o amor* (direção Angle Brazilian), em 1918. Três anos depois voltou a Paris para tomar parte num campeonato de danças modernas, e em 1922, no Brasil, apresentou-se no elegante cabaré carioca Assírio, com o conjunto Oito Batutas. Obtendo na época financiamento do milionário Armando Guinle, promoveu a ida do conjunto para a França, com o objetivo de divulgar o samba e outros ritmos brasileiros aos franceses, como ele próprio já o fizera com sucesso em relação ao maxixe. Em Paris, o conjunto, rebatizado por ele de Les Batutas, apresentou-se com grande êxito no dancing Schéhérazade. De volta ao Rio de Janeiro, passou a dedicar-se ao jornalismo, como cronista teatral. Nessa época, compôs algumas músicas, como os sambas "Os batutas" (com Pixinguinha) e "O cachorro da mulata" (com China). Em 1926 seu maxixe "Cristo nasceu na Bahia" (com Sebastião Cirino) obteve grande sucesso e em julho do ano seguinte duas composições suas, o samba "Passarinho do má" e a marcha "Albertina", foram gravadas na Odeon por Francisco Alves, nas duas faces do primeiro disco produzido eletricamente no Brasil. Em 1929 outro samba de sua autoria, "Sarambá" (com J. Tomás) obteve grande sucesso. Dois anos depois, fundou, nos escombros do antigo Teatro São José, a Casa de Caboclo, inaugurada em 9 de setembro de 1932, teatro típico que apresentava burletas de estilo sertanejo. Na inauguração estiveram presentes, como padrinhos da iniciativa, os poetas Ana Amélia de Queirós Carneiro de Mendonça e Olegário Mariano, Pixinguinha, dirigindo um pequeno conjunto musical, e a famosa dupla Jararaca e Ratinho. Com o sucesso, a companhia teatral mudou-se para o Teatro Fênix. A Casa de Caboclo marcou época na vida artística brasileira, tendo lançado grandes artistas, como Derci Gonçalves. Em 1939 assumiu o cargo de diretor do Cassino Atlântico e no ano seguinte encerrou as atividades de sua companhia teatral, depois de uma infeliz excursão a Buenos Aires. Permanecendo no cassino até 1942, dedicou o resto da vida ao teatro. Na década de 1950 ingressou na política, candidatando-se a vereador pelo Partido Republicano, no Rio de Janeiro.

[2] Dançarino, em francês.

[3] Dança urbana, surgiu nos forrós da Cidade Nova e nos cabarés da Lapa, no Rio de Janeiro, por volta de 1875. Estendendo-se aos clubes carnavalescos e aos palcos dos teatros de revista, enriqueceu-se com grande variedade de passos e figurações: parafuso, saca-rolha, balão, carrapeta, corta-capim etc. Dançado inicialmente ao ritmo de tango, havaneira, polca ou lundu, só nos fins do século XIX as casas editoras o consideraram um gênero musical, imprimindo as músicas com essa qualificação. De acordo com Mário de Andrade, correspondeu à primeira dança genuinamente brasileira, do ponto de vista musical resultou da fusão do tango e da havaneira pela rítmica, da polca pela andadura, com adaptação da síncopa afrolusitana. No início do século, alcançou grande sucesso nos palcos europeus, sendo apresentada com requintes coreográficos pelo dançarino Duque em Paris e Londres, em 1914 e 1922. Confundido por alguns historiadores com o tango espanhol e a habanera cubana, distingue-se, entretanto, desses gêneros pelo caráter lúbrico e lascivo da dança, pela sincopação e pela vivacidade rítmica da música, e pela utilização freqüente da gíria carioca, quando cantado.

[4] Do inglês, senhoras.

[5] Elucidar ou tornar compreensível.

[6] Provável variação do passo do samba-de-roda em que o dançarino se agacha como que para apanhar o bago ou caroço de jaca.

[7] Compositor e instrumentista carioca (1890-1920). Autor de mais de duas centenas de músicas dançantes, especialmente valsas, além de polcas, mazurcas e xotes. Muitas de suas composições alcançaram sucesso nos fins do século passado e início do atual. É citado como um dos "pianeiros" preferidos da época para tocar em festas e bailes familiares.

[8] A condenação do maxixe, em função da sensualidade da dança, pode ser captada no discurso de Rui Barbosa, proferido no Senado, onde expressava sua indignação com o convite feito à compositora Chiquinha Gonzaga para apresentar a polca "Gaúcho" em um sarau palaciano a convite de Nair de Tefé, esposa do presidente da República, o Marechal Hermes da Fonseca: "(...) aqueles que deveriam dar ao país o exemplo das maneiras mais distintas e dos costumes mais reservados elevaram o corta-jaca à

altura de uma instituição social. Mas o corta-jaca de que eu ouvira falar há muito tempo, que vem a ser ele, Sr. Presidente? A mais baixa, a mais chula, a mais grosseira de todas as danças selvagens, a irmã gêmea do batuque, do cateretê e do samba".

[9] Referência às duas colinas existentes na cidade de Atenas. A primeira foi durante a Antigüidade um centro administrativo e religioso, com destaque para o Propileu, o portal para a parte sagrada da Acrópole; o Partenon, templo principal de Atenas; o Erécteum, templo dos deuses do campo, e o Templo de Atenas Nica, símbolo da harmonia do estado de Atenas. Por sua vez, no monte Pnix existia um imenso anfiteatro, com capacidade para cerca de 20.000 pessoas, que por várias vezes foi o palco da Assembléia dos Cidadãos (Eclesia).

[10] Embora existisse desde 1902, a polca-chula ou tango-chula "Vem cá mulata", composta por Arquimedes de Oliveira com versos de Bastos Tigre para a sociedade carnavalesca *Club* dos Democráticos, só ficou famosa quando se destacou como sucesso carnavalesco em 1906, com a gravação de Maria Lino. Seu caráter bastante animado contribuiu para que ela continuasse alegrando mais dois ou três carnavais, tornando-se uma das músicas mais populares da década. Sua letra é a seguinte: Vem cá mulata / Não vou lá, não / Vem cá mulata / Não vou lá, não / Sou Democrata / Sou Democrata / Sou Democrata / De coração / Os Democráticos, gente jovial / Somos fanáticos do carnaval / Do povo vivas nós recolhemos / De nós cativas almas fazemos / Ao povo damos sempre alegria / E batalhamos pela folia / Não receamos nos sair mal / E letra damos no carnaval.

[11] "Tem duas coisa que me faz chora/ é nó nas tripa e bataião navá", refrão carnavalesco.

[12] Perge (Aksu) é o nome de uma cidade localizada na região mediterrânea da Turquia.

[13] Relativo à Galácia, região da central da Ásia Menor, onde hoje se situa a cidade de Ancara (Turquia). Originalmente, a região foi ocupada por uma tribo céltica originária da Gália sendo, posteriormente, transformada em província romana por Augusto.

[14] Apolo ou Febo representava o Sol na mitologia grega. Entre os seus muitos atributos estava o de comandar as nove musas, respectivamente: Urânia (astronomia), Clio (história), Polímnia (pantomímia), Terpsícore (dança), Tália (comédia), Érato (poesia lírica), Calíope (poesia épica) Euterpe (música) e Melpômene (tragédia).

[15] Baía turca do Bósforo, em Istambul.

[16] Veja nota 11.

[17] Cidade da Turquia localizada às margens do Mar de Mármara, no lado oposto do Estreito do Bósforo, de onde se localiza a cidade de Istambul.

[18] Alegre, aprazível, agradável.

[19] Montanha de cerca de 2.400 m, localizada na região da Beócia (Grécia), de acordo com a mitologia grega era a morada das musas.

[20] Uma das nove musas, filhas de Zeus e Mnemosine. Terpsícore é representada com uma lira e era considerada a musa que presidia a dança.

[21] Na mitologia céltica e germânica estão identificadas ao gênio do ar. No contexto, é empregado para designar a leveza dos movimentos dos bailarinos.

[22] Maria Teresa da Áustria (1638-1683) foi rainha da França. Filha de Felipe IV, rei de Espanha, casou-se com Luís XIV, o chamado Rei Sol, em 1660. Este período correspondeu ao auge do absolutismo cortesão que teve no Palácio de Versalhes, projetado pelo arquiteto Mansart e decorado por Lebrun, o seu epicentro. Entre os muitos artistas que receberam privilégios reais destacam-se: Corneille, Racine e Molière, no teatro; Poussin, Lourain e Rigaud, nas artes.

[23] Divindade da mitologia latina, protetora dos bosques e das correntes de água. Era caçadora infatigável, ciosa de sua virgindade e rodeada de ninfas, a quem impôs a castidade. É representada com beleza grave e serena.

[24] Publius Ovidius Naso (43 a.C.-17 ou 18 d.C.), poeta da chamada "idade de ouro" da literatura latina, foi autor de poesias eróticas *Arte de amar*, *Os amores*, *Os cosméticos*, e outras obras de maior envergadura como *Os fastos* e *As metamorfoses*. Essa obra é composta em versos hexâmetros e aborda as transformações dos heróis mitológicos em plantas, animais ou minerais.

[25] Paul Marie Verlaine (1844-1896), poeta francês que ainda jovem participou do círculo parnasiano (Catulle Mendès, Sully Prudhomme, François Coppé). Pelo seu melancólico sentimento da natureza, da sua tendência ao sonho e pela musicalidade da linguagem, é o precursor do Simbolismo. Publicou, entre outros: *Poèmes saturniens* (1866), *Fêtes galantes* (1869), *Romances sans paroles* (1874), *Amour* (1888).

[26] Poeta francês (1858-1900), colaborador da *Revue des Deux Mondes*, fundador do Mercure de France (1889) e ligado ao grupo simbolista. Notabilizou-se pelos versos delicados, elegantes e cheios de preciosismos. Publicou: *Au jardin de l'infante* (1893), *Aux flancs du vase* (1898), *Le Chariot d'Or* (1901).

[27] Dança de salão de origem americana, originária de danças populares de meados do século XIX. Esta modalidade consiste em deslizar os pés para cada lado em um compasso de dois tempos.

[28] Este tipo de peça de porcelana de procedência francesa foi um objeto decorativo caro e amplamente venerado pelas classes abastadas no século XIX e na *Belle Époque*. Sua origem remonta à Manufatura Real, Imperial e depois Nacional, instalada em 1756. Entre os artistas que propuseram so-

luções formais e decoração pictórica, destacam-se: César, Lalanne, Savin, Hadju, Mathieu, Poliakoff e Zao Wou-Ki.

[29] Feitiçaria, encantamento, em francês.

Um gesto para a história

[1] D. Francisco Manuel de Melo (1608-1666) nasceu em Lisboa de família nobre. Cursou Humanidades no Colégio de Santo Antão e dedicou-se ao estudo da Matemática, pois pensava seguir a carreira das armas. Militou na Marinha e, depois de um naufrágio que sofrera, estabeleceu-se na corte de Madri. Em 1639 comandou um regimento na Flandres e lutou contra os Holandeses. Em 1641, encontrando-se em Londres, aderiu à causa da independência em Portugal, regressando ao reino onde, depois de receber a comenda da Ordem de Cristo, foi acusado e preso por conivência no assassinato de Francisco Cardoso. Na prisão escreveu suas melhores obras: *Carta de guia de casados* (Lisboa, 1651), *Epanáforas de vária história portuguesa* (Lisboa, 1660), *Obras morales* (Roma, 1664), *Cartas familiares* (Roma, 1664), *Obras métricas* (França, 1665), *Auto do fidalgo aprendiz* (Lisboa, 1676), *Apólogos dialogais* (Lisboa, 1721), *D. Teodósio duque de Bragança* e *As segundas três musas* (1945 e 1966).

[2] O Hipódromo da Mooca foi instalado no bairro do Brás, na rua Bresser. Com direito a Banda de Música dos Menores Educandos Artífices e a presença de todos que lá conseguiram chegar, pois o acesso era difícil, os dois cavalos inscritos na primeira corrida, Macaco e Republicano, inauguraram as raias em 29 de Outubro de 1876. Republicano era o favorito, mas Macaco, animal desconhecido e ágil, provou ter um fôlego forte e levou o Primeiro Prêmio da Província. Em 1891, adotou-se um novo estatuto e o nome da instituição passou de Club de Corridas Paulistano para Jockey Club. No início do século XX, aos domingos, o "trem das corridas" saía da Estação da Luz e levava o público até a Estação do Brás. De acordo com Jorge Americano, homens de chapéus e binóculos a tiracolo disputavam os prêmios de dois a seis contos de réis nos seis páreos que compunham o programa dominical. Nos dias de Grand-Prix, a etiqueta exigia cartola e roupa escura (casaca ou jaquetão), por sua vez, o prêmio maior era de 20 contos. A partir de 1908, com a contratação da Missão Militar Francesa por Albuquerque Lins, as antigas paradas militares deixaram de se realizar no Largo do Palácio e passaram para o Prado da Mooca. Foi de lá também que, em 28 de abril de 1912, levantou vôo o aeroplano pilotado por Edu Chaves que ia tentar pela primeira vez fazer o percurso Rio–São Paulo via aérea. Em 1920 passou a ter a capacidade de abrigar 2.800 espectadores e, em 1923, foi criado o Grande Prêmio São Paulo. Em dezembro de 1940 foi realizada a última corrida no Prado da Mooca e vencida pelo cavalo Xococó.

[3] Oscar Rodrigues Alves (1883-?). Formado em Medicina pela Faculdade do Rio de Janeiro. Foi secretário do presidente do Estado de São Paulo Rodrigues Alves (1912-1916), Secretário do Interior (1916-1920). Eloy de Miranda Chaves (1875-1964). Formado em Direito. Foi promotor e vereador em Jundiaí (SP), depois deputado federal pelo Partido Republicano Paulista (PRP). Foi secretário estadual de Justiça e Segurança Pública de São Paulo nos governos Rodrigues Alves (1912-1916) e Altino Arantes (1916-1920). Em 1923, apresentou a "Lei Eloy Chaves" que instituiu a Caixa de Aposentadoria e Pensão dos Ferroviários, base do Instituto Nacional de Previdência Social – INPS. Empresário do setor de energia, ele chegou a possuir uma dúzia de usinas em Jundiaí e Rio Claro, num tempo em que os grupos internacionais Light & Power e American & Foreign Power (Amforp) exerciam um virtual controle da produção e distribuição de energia elétrica no país.

[4] Nome da estação ferroviária inaugurada em 1875 e localizada ao lado da estação Brás da São Paulo Railway, que também dava nome à empresa constituída em 1869 pelos fazendeiros de café do Vale do Paraíba. A partir de 1877, a linha foi estendida até Cachoeira Paulista, permitindo baldeação no terminal navegável, com o ramal da E.F. Dom Pedro II que vinha do Rio de Janeiro e saía do tronco de Barra do Piraí (RJ). Todavia, o alto custo da baldeação, onerava o frete. Em 1889, com a queda da monarquia, a E.F. D.Pedro II passou a ser designada de E.F. Central do Brasil e, em 1890, incorporou a E.F. do Norte, com o propósito de alargar a bitola e unificá-las. Os trabalhos se iniciaram em 1902 e terminaram apenas em 1908 (sobre a inauguração da nova linha, veja a crônica, Coluna Cinematographo, 16/02/1908, p. 19).

[5] Escoteiros, em inglês.

[6] Referência à passagem de Olavo Bilac pela cidade de São Paulo em campanha pela educação, pelo serviço militar obrigatório e pela "definição da nossa nacionalidade". No dia 09/10/1915, ele pronunciou a conferência "Em marcha!", para os alunos da Faculdade de Direito do Largo de S. Francisco. Nesta mesma temporada, Bilac discursou novamente "Aos estudantes da Escola de Medicina" no dia 14/10/1915. Estas duas conferências foram publicadas no volume *Últimas conferências e discursos*. São Paulo, Francisco Alves, 1927.

[7] Thomas Carlyle (1795-1881). Escritor escocês dedicou-se à história, crítica literária, filosófica e política. Estudou na Universidade de Edinburgo. Leitor dos filósofos transcendentais alemães e de Goethe publicou *A vida de Schiller* (1825) e foi o tradutor de *Wilhelm Meister* (1825). Colaborou com diversos periódicos (*London Magazine, Blackwood's, Edinburgh Review, Fraser's Magazine, Foreign Review*) onde publicou sua autobiografia intelectual (*Sartus Resartus*), e textos de caráter político-filosóficos (*Revolução Francesa, O herói na história, O cartismo, Cromwell*). Carlyle foi um

crítico do liberalismo e do governo parlamentar, defendendo a necessidade de um governo forte e paternalista.

[8] Personagem da peça *Édipo-Rei*, de Sófocles que revela o passado e o destino inexorável do protagonista.

[9] Escola Especial Militar fundada em 1802 pelo Cônsul Bonaparte, na cidade de Fontaineblau. Em 1808, ela foi transferida para Saint-Cyr, próximo de Paris. Após a derrota na Guerra Franco-Prussiana (1870), a escola passou a sediar o Primeiro Batalhão Francês.

Impressões de São Paulo / O que eu vi. O que é

[1] O diário carioca *A Rua* (1914-1927) surgiu de uma dissidência de *A Noite*. Foi dirigido por Viriato Correia.

[2] Altino Arantes Marques (1876-1965). Formado em Direito pela Faculdade de São Paulo. Foi deputado federal por dois mandatos (1906-1908 e 1909-1911), tendo sido também Secretário de Estado do Interior (1911-1915) tendo sido também membro da direção do Partido Republicano Paulista (PRP). Presidiu o Estado de São Paulo entre 1916-1920. Em seu governo foi promovida a segunda valorização dos preços do café (a primeira foi em 1906, por força do Convênio de Taubaté). Com a geada de 1918, esse produto, com grandes excedentes no Porto de Santos, duplicou de preço. Com a queda da produção foi possível colocar os excedentes no mercado internacional, permitindo ao governo, com o desafogo, retirar das mãos de um grupo norte-americano, o controle da E.F. Sorocabana. Entre 1921 e 1930 foi novamente deputado federal. Em 1946 foi deputado constituinte e, mais uma vez, deputado federal. Foi o primeiro presidente do Banco do Estado de São Paulo, tornou-se membro e presidente da Academia Paulista de Letras – ABL e membro do Instituto Histórico e Geográfico de São Paulo.

[3] Piada ou brincadeira, em francês.

[4] Hermes Rodrigues da Fonseca (1855-1923). Estudou na Escola Militar e seguiu carreira. Em 1890, como tenente-coronel passou ao comando do 2º Regimento de Artilharia. Em 1893, participou da repressão à Revolta da Armada, sendo promovido a coronel. Alcançou o topo da carreira militar em 1906, como marechal. No governo de Afonso Pena (1906-1909) ocupou o cargo de ministro da Guerra, promovendo uma reorganização do Exército e instituindo o serviço militar obrigatório em 1908. Na campanha sucessória para a substituição de Nilo Peçanha, apresentou-se como candidato presidencial contra Rui Barbosa, sendo eleito presidente para o quadriênio 1910-1914. Apesar da grande popularidade, enfrentou uma série de problemas. O primeiro deles foi a Revolta da Chibata, rebelião organizada pelos marinheiros contra os castigos físicos

na Marinha. Enfrentou uma outra revolta, mas sem derrotá-la, a Guerra do Contestado. Envolveu-se numa tentativa de promover um centralismo político que gerou conflitos com setores das oligarquias regionais. Em 1914, passou a Presidência a Venceslau Brás, legando uma enorme dívida com os banqueiros europeus. Apesar de eleito senador, não assumiu o cargo, pois viajou para a Europa permanecendo lá até 1920. Em 1921, foi eleito presidente do Clube Militar. Na campanha presidencial de 1922 envolveu-se no confronto entre os candidatos Nilo Peçanha e Artur Bernardes, fato que acabou deflagrando a Revolta do Forte de Copacabana.

5 Os dois secretários demitidos por Rodrigues Alves foram Paulo de Moraes e Barros (Agricultura) e Rafael Sampaio Vidal (Justiça), permaneceram como titulares Joaquim Miguel Martins de Siqueira (Finanças) e Altino Arantes (Interior).

6 Francisco Pereira Passos (1836-1913). Graduou-se em Matemática pela Escola Militar (RJ). Atuou como adido brasileiro em Paris entre 1857 e 1860, quando entrou em contato com as reformas empreendidas por Haussman, que transformou a capital francesa em modelo de metrópole industrial moderna. Ocupou a direção da Estrada de Ferro D. Pedro II (1876-1880; 1889-1899) e a presidência da Companhia Carris de São Cristóvão em 1891. Foi nomeado prefeito do Distrito Federal em dezembro de 1902 pelo presidente Rodrigues Alves (1902-1906), exigindo autonomia para exercer o cargo, o que significou o fechamento do Conselho Municipal por seis meses. Auxiliado por Oswaldo Cruz, Lauro Muller e Paulo de Frontin, ele empreendeu uma profunda reforma urbana, incluindo a remodelação da área central (com o "bota-abaixo" de cortiços e prédios, e a abertura da Avenida Central), a adoção de campanhas higienistas e reformas sanitárias, como também as obras de modernização do porto.

Um programa

1 Prudente José de Morais Barros (1841-1902). Formado em Direito pela Faculdade de São Paulo. Em 1865, iniciou sua carreira política como vereador pelo Partido Liberal, chegando posteriormente a deputado provincial. Em 1873 tornou-se um dos fundadores do Partido Republicano Paulista. Após ser eleito novamente para a Assembléia Provincial, acabou chegando a deputado para a Assembléia Geral do Império entre 1885 e 1886, tornando-se também um abolicionista. Foi Senador à Constituinte de 1890, sendo designado seu presidente. Candidato à presidência da República foi derrotado por Deodoro da Fonseca, em 1891. Vice-presidente do Senado no período entre 1891 e 1894, elegeu-se para a presidência da República em 1894, sucedendo a Floriano Peixoto. Prudente de Morais enfrentou, sem sucesso, a crise do café. No campo político conseguiu reduzir os conflitos iniciais da República. Anistiou os rebeldes da Revolta da Armada,

derrotou as últimas resistências da Revolta Federalista e massacrou o movimento de Canudos.

[2] Manuel Ferraz de Campos Sales (1841-1913). Formado pela Faculdade de Direito de São Paulo na turma de 1863. Republicano histórico, subscreveu o Manifesto Republicano em 1870, sendo também um dos realizadores da Convenção de Itu (1873). Como deputado provincial teve três mandatos: 1868-1869; 1882-1883 e 1888-1889. Em 1885 foi deputado geral. No Governo Provisório da República, em 1889 foi ministro da Justiça. Antes do seu primeiro mandato foi senador da República, entre 1890 e 1896. Seu mandato como presidente do Estado de São Paulo transcorreu de maio de 1896 a outubro de 1897, quando se afastou para candidatar-se à Presidente da República. Combateu novas epidemias de cólera e febre amarela no Estado. Em sua gestão começou a operar em São Paulo o grupo canadense Light and Power, explorando inclusive os bondes elétricos em substituição aos puxados por burros. Reestruturou a Força Pública, zelou pelo ensino. Como Presidente da República (1898-1902) implementou a "política dos governadores", que fortaleceu as oligarquias e concretizou uma modalidade peculiar de federalismo, subvencionou os jornais que o apoiavam, estabeleceu um acordo financeiro (*funding-loan*) com banqueiros ingleses. Depois disso, voltou a ocupar o cargo de Senador da República entre 1909 e 1913. Foi, ainda, embaixador na Argentina entre 1911 e 1912.

[3] Reuniões ou assembléias, em inglês.

Os voluntários de manobras

[1] Cândido Nanzianzeno Nogueira da Mota (1870-1942). Formado em Direito pela Faculdade de São Paulo, onde foi catedrático de Direito Penal. Político republicano foi deputado estadual (1901), deputado federal (1908) e secretário de Agricultura (1916-1920). Foi o fundador da Penitenciária do Estado. Como homem de imprensa, foi redator-chefe de *A Noite* e do *Tempo*.

[2] Cyro Jacques (1896-1970). Filho de Freitas Valle seguiu carreira diplomática, ocupando o cargo de embaixador em diversos países.

[3] Georgino Avelino (1888-1959). Formado em Direito pela Faculdade Livre do Rio de Janeiro. Integrou a representação consular brasileira em Gênova (1912), foi deputado federal (1924), apoiou e lutou com os paulistas em 1932. Foi interventor e senador pelo Rio Grande do Norte.

O exemplo

[1] Homem que se fez por si mesmo, em inglês.

[2] Bartolomé Esteban Murillo (1617-1682), pintor barroco. Trabalhou durante quase toda a carreira na sua cidade natal, Sevilha, onde substituiu

Zurbarán como líder da pintura por volta de 1640. Pintou principalmente cenas religiosas e cenas da vida cotidiana com crianças pobres, de grande apelo sentimental.

[3] João Gomes de Araújo Júnior (1868?-1963). Cursou o Real Conservatório de Milão, onde estudou composição com Cesare Dominiceti e piano com Giuseppe Mascardi. Foi catedrático de música da Escola Modelo do Carmo em 1893 e, no ano seguinte, para o mesmo cargo, na Escola Prudente de Morais. Durante muitos anos foi professor da Escola Normal Caetano de Campos. Em 1912 viajou à Europa para estudar a organização do ensino musical em escolas da França, Bélgica, Suíça e outros países. Considerado precursor do canto orfeônico no país, atuou intensamente na organização e direção dos orfeões escolares. Além de obras para o ensino de música, compôs óperas e missas.

[4] Joaquim José da Silva Xavier, Tiradentes (1746-1792). Foi um líder da Inconfidência Mineira e primeiro mártir da independência. Todavia, só com a ascensão do regime republicano que ele passou a ser cultuado como um herói nacional. Foi tropeiro, mascate e dentista prático (daí o apelido); trabalhou em mineração e tentou a carreira militar, chegando ao posto de alferes no Regimento de Cavalaria Regular. A revolta foi motivada pela decisão da Coroa de cobrar a derrama, uma dívida em atraso desde 1762. A conspiração foi delatada por Joaquim Silvério dos Reis e todos os seus participantes foram presos. Sobre Tiradentes recaiu a responsabilidade total pelo movimento, sendo o único conspirador condenado à morte. Enforcado em 21 de abril de 1792, teve seu corpo esquartejado e exposto em praça pública. D. Pedro I (1798-1834). Era filho de D. João VI e de Carlota Joaquina. Com a revolução constitucionalista do Porto (1820), seu pai teve de voltar a Portugal, e ele permaneceu no Brasil como regente. No dia 9 de dezembro de 1821 chegaram decretos de Portugal, exigindo que D. Pedro entregasse o poder a uma junta e retornasse às cortes. Um grupo comandado por Joaquim Gonçalves Ledo recolheu assinaturas para que o príncipe não voltasse a Portugal. Em 9 de janeiro de 1822, José Clemente entrega o documento solicitando que D. Pedro permanecesse no Brasil: era o "Fico". O governo brasileiro decretou então que nenhuma lei promulgada pelas cortes portuguesas seria obedecida no país, sem a ordem do príncipe-regente. O conflito entre o projeto de recolonização, preconizado pelos decretos lisboetas, e o seu rebaixamento à condição de simples delegado temporário, favoreceu o projeto de independência, consumada em 7 de setembro. Em 1º de dezembro foi coroado, tornando-se o primeiro imperador do Brasil como Pedro I. Dissolveu a Constituinte de 1823, por se opor à diminuição do poder, e outorgou uma nova constituição que centralizava todo o poder político nas suas mãos (1824). Neste ano, enfrentou a Confederação do Equador e, em seguida, a Guerra Cisplatina, que culmi-

nou em 1828 com a independência do Uruguai. Abdicou em 1831 e retornou para Portugal, travando uma luta contra D. Miguel. Vitorioso, torna-se o rei Pedro IV e faz vigorar o regime constitucional.

[5] Atribui-se a Mário Sérgio Cardim a introdução do escotismo no Brasil. Viajando pela Europa em missão oficial em 1910, ele tomou contato com Baden Powell (Inglaterra) e com o Capitão Royet (França). Ao retornar para o Brasil no final de 1913, Cardim dedicou-se à divulgação do escotismo em São Paulo, proferindo 18 conferências em 18 cidades, além de conseguir o apoio entusiástico de Júlio César Ferreira de Mesquita, diretor de *O Estado de S. Paulo*. Também foi divulgada uma série de artigos neste jornal, como também foi formada a comissão provisória para a fundação da Associação Brasileiras de Escoteiros composta, além de Cardim, por Alcântara Machado e Ascânio Cerqueira. É de Cardim a adaptação do nome de "Escoteiros" em lugar de *boy scouts* e pela tradução livre da palavra de ordem *be prepared* do escotismo inglês para a forma "Sempre Alerta". A Primeira Promessa Escoteira (juramento da bandeira) realizou no Prado da Mooca durante as comemorações do 15 de novembro de 1915 (veja crônica "Um gesto para a história", p. 99). O movimento expandiu-se bastante, tanto que na década de 1920, chegou a haver cerca de 100.000 escoteiros. Logo após a I Guerra Mundial, foi notável a ação dos escoteiros durante o surto de gripe espanhola, que vitimou milhares de pessoas em São Paulo, quando prestaram diversos serviços auxiliares; em janeiro de 1921, começou a ser publicado *O Escoteiro*, informativo da A.E.B., que tinha a cada edição uma média de 30 páginas; em 1922, foi realizada uma homenagem ao Centenário da Independência, nos campos do Ipiranga, com presença de 10.000 escoteiros.

[6] Lord Horace Herbert Kitchner (1850-1916). Foi um dos líderes do expansionismo e imperialismo britânico (chefe do Estado Maior na Guerra dos Boers e chefe do Exército Britânico nas Índias, 1902-1909) e ministro da Guerra, durante a I Guerra Mundial.

[7] O Liceu Coração de Jesus foi fundado pelo Rev. P.L. Lasagna em 1895 e instalado nos Campos Elísios, um bairro novo aberto em 1879, voltado para os grupos abastados, e que adotava um traçado geométrico regular, grandes lotes, casas recuadas do alinhamento, com jardins na frente e nas laterais, de acordo com o projeto de Hermann von Puttkamer. A escola foi entregue aos Salesianos de Dom Bosco, com o apoio dos ricos cafeicultores como o Conde Prates, o Conselheiro Antônio Prado e Dona Veridiana Prado, a Baronesa de Tatuí e o Barão Duprat. O projeto que norteava esta instituição era o de proporcionar educação aos trabalhadores, filhos libertos de ex-escravos e, principalmente, imigrantes para o trabalho na indústria. Foram criados cursos de marcenaria, marmoraria, sapataria, mecânica, tipografia e encadernação, além de um grande apoio ao teatro, música, com banda e escola de canto. A partir de 1915, por necessidade dos cafeicultores terem um local

para colocar internos os filhos que vinham das fazendas do interior de São Paulo para estudar, o Liceu mudou seu perfil. A maioria dos cursos profissionalizantes foi transferida para o Instituto Dom Bosco, que passou a funcionar em 1919, apadrinhado pelo Conde Prates, Conde Lara e Barão Duprat. No Liceu Coração de Jesus permanecem os cursos de artes gráficas e surgem cursos preliminares, ginasial secundário e comercial. Os alunos treinavam ginástica sueca e praticavam esgrima, baioneta, futebol, basquete, natação e até boxe. Havia uma sala de armas no Liceu com 200 fuzis Mauser. Existia um Batalhão Ginasial, introduzido em 1916, que participava dos desfiles e paradas cívicas, trajando uniformes de gala, que mais pareciam fardas de oficiais. Os alunos, ao término do curso secundário, recebiam certificado de reservista do Exército.

[8] D. Carlos (1863-1908), rei de Portugal, filho primogênito do rei D. Luís I e da rainha D. Maria Pia. Quando subiu ao trono em 1889, o país atravessava uma grave crise econômica, agudizada em 1890 pelo episódio do "Ultimato Inglês", no qual a Inglaterra exigia que o governo português mandasse retirar os exércitos coloniais em Angola e Moçambique. A humilhação foi acompanhada pelo crescimento de críticas violentas contra a Inglaterra, contra o rei e contra a monarquia. Foi nessa época que apareceu um hino militar "A Portuguesa", hoje, hino nacional. Foi assassinado num atentado contra a monarquia.

Freitas Valle, o Magnífico – Mestre e senhor!

[1] "Ele tem o faro do Mestre", expressão idomática francesa. Xavier Henry Napoléon Leroux (1863-1919). Músico francês estudou no Conservatório de Paris, onde foi aluno de Massenet. Ganhou o Prêmio em Roma (1885), foi editor da revista Musica e professor de Darius Milhaud no Conservatório de Paris, onde lecionou composição e harmonia. Compôs óperas, motetes e canções. Leroux regeu a orquestra do Scala de Milão no Teatro Municipal de São Paulo, em 03/10/1916, quando da apresentação de um dos *Tragi-Poèmes* de Freitas Valle.

[2] José de Freitas Valle (1870-1958). Formado em Direito pela Faculdade de São Paulo. Como deputado estadual (1904-1924) e senador estadual (1924-1927) teve papel decisivo e dinâmico no desenvolvimento da instrução pública no Estado de São Paulo. Valle apresentou projetos de lei criando escolas operárias e agrícolas para menores, reformulou os cursos da Escola Politécnica e da Escola Superior de Agricultura "Luiz de Queiroz", fundou a Escola Normal do Brás, organizou a Pinacoteca do Estado, instituiu o Orfeon Escolar. Além da política, destacou-se como mecenas intelectual e artístico beneficiando artistas plásticos, músicos e escritores do Modernismo, como Lasar Segall, Anita Malfatti, Sousa Lima, Villa-Lobos, Brecheret, Mário de Andrade e Oswald de Andrade. A Villa Kyrial, localizada na rua

Domingos de Morais 300, foi palco de inúmeros encontros e tramas que obedeciam um calendário para as recepções. Conforme esclarece Márcia Camargos, "a segunda-feira dos pintores, a terça dos escultores, a quarta-feira da Lira (dos músicos), a quinta dos poetas, a sexta dos escritores e o sábado dos políticos" (*Villa Kyrial*, São Paulo, Senac, 2001, p. 43).

[3] Joris Karl Huysmans (1848-1907). Escritor francês cujas obras sintetizam os distintos momentos da vida intelectual européia do final do século XIX. Iniciou-se com o romance naturalista (*Marthe*, 1876). Notabilizou-se com os romances *À rebours* (1884) e *Là-Bas* (1891), onde explicita muitos temas identificados com a estética do decadentismo (ocultismo, simbolismo, satanismo). Com *La Cathédrale* (1898), se reconciliou com os dogmas do catolicismo.

[4] Honoré de Balzac (1799-1850). Escritor francês considerado o fundador do Realismo na literatura moderna, produziu romances, contos e peças de teatro. Em 1840 dá o nome de *A comédia humana* ao conjunto de seus romances, nos quais traça um vasto painel da sociedade oitocentista. Eles estão subdivididos em três grandes títulos – *Estudos dos costumes do século XIX*, *Estudos filosóficos* e *Estudos analíticos*. Estas obras revelam um complexo painel, onde se destacam os sentimentos, as emoções, os valores morais e materiais da burguesia e da aristocracia decadente da França pós-revolucionária.

[5] Petrônio, o Árbitro (14 a.C.-66 a.C.). Foi cônsul da Bitínia, atual Turquia. Depois ocupou o cargo de conselheiro de Nero, sendo nomeado *arbiter elegantiae* (árbitro da elegância, 63). Em 65, acusado de participar na conspiração contra o imperador, foi condenado ao suicídio. Passou suas últimas horas numa festa, em Cumas. Nessa ocasião, catalogou os vícios de Nero e enviou-lhe a lista antes de cortar os pulsos. Escreveu o livro *Satiricon*, uma espécie de romance em prosa e em verso, cujos capítulos mais famosos são a "Matrona de Éfeso" — fonte de anedotas sobre as mulheres e de várias novelas e comédias — e "O festim de Trimalcião" — em que o dono da casa, ansioso por mostrar-se culto, cai no ridículo ao desfiar uma série de citações equivocadas.

[6] Publius Aelius Hadrianus (c.76-138), imperador romano (117-38). Seguiu carreira militar bem-sucedida, e casou-se com uma sobrinha de Trajano, que o adotou como seu herdeiro. Foi um patrono das artes e ainda existem as ruínas de sua quinta em Tibur (atual Tivoli).

[7] Apreciador, em italiano.

[8] Elêusis (Lespina) era um território anexado à pólis ateniense onde se realizava o culto de uma deusa da vegetação, Deméter. A iniciação aos mistérios tornou-se o culto essencial de Elêusis, sendo que Dionísio foi logo associado a esse culto.

João do Rio

[9] Charles Baudelaire (1821-1867), poeta francês autor de *As flores do mal* e considerado um dos fundadores da lírica moderna. Antonio Augusto de Lima (1860-1934), formado em Direito pela Faculdade de São Paulo, dedicou-se ao jornalismo, propagando idéias republicanas e abolicionistas. Além da política e do jornalismo, dedicou-se à poesia, tendo publicado entre outros *Contemporâneas* (1887) e *Poesias* (1909). Foi eleito em 1903 para a Academia Brasileira de Letras.

[10] Trovadores, em francês.

[11] Na mitologia grega é o deus do vinho.

[12] "A natureza é um templo onde vivos pilares / Podem deixar ouvir confusas vozes". Charles Baudelaire, "Correspondências", in *As flores do Mal* (trad. Jamil Almansur Haddad). São Paulo, Max Limonad, 1981, p. 94.

[13] Carlos Pagliuchi (1885-1963). Pianista e compositor. Regeu a orquestra do cinema Pathé Palace na época em que isto era considerado uma atividade de prestígio. Em 1917, ele se tornou professor de música no Conservatório Dramático e Musical de São Paulo, abandonando os cinemas. Freqüentador da Villa Kyrial, especialmente nas quartas-feiras, quando Freitas Valle oferecia o banquete poeticamente batizado "Jantar da Lira", dedicada aos músicos. Estes formaram um conjunto com Sousa Lima no violoncelo, Carlos Pagliuchi na flauta, Osório César no violino, João Gomes Júnior no piano e Carlos de Campos no contrabaixo e, como cantores, Ernesto de Marco e o tenor Santino Giannattasio. Pagliuchi musicou *Le Clown*, um dos *Tragi-Poèmes* de Freitas Valle. Além do repertório erudito, ele compôs diversas peças populares, como "Encrenca"; "Noite de Santo Antonio"; "Noite de São Paulo"; "Noite de São Pedro"; "Urucubaca"; e "Sertanejo" — todas publicadas por A. Di Franco, de São Paulo. No texto original o nome do compositor é grafado como Palluchi.

O exemplo de São Paulo/ A propósito da exposição do Sr. Cardoso de Almeida

[1] Joaquim Murtinho (1848-1911). Formado em Medicina pela Faculdade do Rio de Janeiro. Em 1891, foi eleito senador por Mato Grosso para a Assembléia Constituinte de 1891. Em 1897, ocupou por pouco tempo o Ministério da Indústria. No ano seguinte, assumiu o Ministério da Fazenda permanecendo até 1902. Adotou uma política liberal (austeridade nos gastos públicos, aumento de impostos sobre o consumo, *funding-loan*) para sanear as finanças.

[2] Carlos Peixoto de Melo Filho (?-1917). Formado em Direito pela Faculdade de São Paulo. Foi deputado federal por Minas Gerais, presidiu a Câmara dos Deputados entre 1907 e 1909 e militou nas fileiras do Civilismo.

[3] Lauro Severiano Muller (1863-1926). Cursou a Escola Militar (RJ) onde obteve o grau de bacharel em Ciências Físicas e Matemáticas. Participou

da Assembléia Constituinte, foi deputado e senador, ocupou o Ministério da Viação na presidência de Rodrigues Alves, sendo o responsável pela reforma do cais do porto e pela construção da Avenida Central, no Rio de Janeiro, além de promover a navegação de cabotagem e a ligação do sistema ferroviário do norte e do sul. Depois da morte do Barão de Rio Branco, ocupou o Ministério das Relações Exteriores e sucedeu-o na Academia Brasileira de Letras.

[4] Teodomiro Santiago (1883-1958). Formado em Direito pela Faculdade de São Paulo. Vereador e presidente da Câmara Municipal de Itajubá (MG). Foi secretário particular de Wenceslau Brás, secretário das finanças de Minas Gerais (1914-1918) e sucessivamente eleito para deputado federal pelo Partido Republicano de Minas (PRM) entre 1921 e 1930.

[5] Depois de mim o dilúvio, em francês.

[6] Henry George (1839-1897). Depois de trabalhar como marinheiro e viajar ao redor do mundo, estabeleceu-se em São Francisco por volta dos anos 1860, onde trabalhou como tipógrafo e impressor. Foi o editor do *San Francisco Evening Post*. Publicou dois livros que tiveram ampla repercussão, *Nossa terra e a política agrária* (1870) e *Progresso e miséria*. Um inquérito sobre as causas da depressão industrial e o crescimento da pobreza com aumento da riqueza (1879). Ele argumentava que a diminuição da distância entre ricos e pobres poderia ser obtida com a substituição das taxas sobre o capital e o trabalho pelo imposto único sobre a propriedade.

[7] Esta folha diária começou a circular em 1881, sua administração e redação funcionava na rua de São Bento 24A e era redigido por João Navarro de Andrade, sócio-proprietário da firma Elias & Navarro. Em 1916, sua redação e oficina estava estabelecida na rua Direita 20A e era "composto em machinas 'linotypes' e impresso em machinas rotativas Marinoni".

São Paulo, estação de verão

[1] O Hotel e Restaurante Rotisserie Sportsman inicialmente funcionou na Rua XV de Novembro, depois mudou-se para a R. São Bento, 16. Na década de 1910, foram inauguradas suas novas instalações num edifício de quatro andares, localizado na Rua Líbero Badaró. De acordo com as informações fornecidas pelo proprietário, o francês Daniel Souquières, o estabelecimento contava com "100 quartos espaçosos e bem ventilados, e mobiliário novo e moderno, luz e campainhas elétricas, etc. São em número de 18 as salas de banho e chuveiros, montados com material inteiramente sanitário, assim como o empregado nos vários W.C. Na parte térrea funciona um Bar, sistema americano, e um Restaurante com capacidade para 200 pessoas, e no primeiro andar acha-se um magnífico salão para banquetes, assim como uma série de gabinetes reservados, sala de visitas e sala de leitura, tudo luxuosamente instalado e profusamente iluminado a

eletricidade. O serviço de condução é feito por dois elevadores elétricos e o pessoal empregado nas diversas dependências consta de 65 indivíduos de ambos os sexos".

[2] O Clube dos Diários foi fundado em 1895, na cidade de Petrópolis. Foram os veranistas, os quais, em sua maioria, costumavam vir diariamente ao Rio de Janeiro, que fundaram o clube e daí o nome. A partir de 1900 passou a ter sede na Rua do Passeio (Rio de Janeiro), no prédio onde outrora funcionara a Sociedade Cassino Fluminense, com salão de jogo de cartas, salão de baile e salão de leituras. Em 1913, o clube tinha 523 sócios permanentes e outros 200 que pagavam contribuições anuais. Os ex-presidentes da República, como também os chefes de missões estrangeiras estabelecidas na Capital Federal eram considerados sócios honorários. Era o local onde os candidatos à presidência até 1930 apresentavam suas plataformas.

Altino Arantes – Em São Paulo

[1] O Palácio Monroe foi projetado pelo engenheiro militar Francisco Marcelino de Souza Aguiar (1855-1935) para sediar o pavilhão brasileiro na Exposição Internacional de Saint-Louis (EUA) em 1904, celebrando o centenário da compra do território da Lousiana. Foi o autor e executor de várias obras monumentais na cidade do Rio de Janeiro, como o Quartel Central dos Bombeiros, a Biblioteca Nacional e o Palácio Guanabara. O edifício de risco neo-renascentista com um imenso domo, loggias e colunas coríntias foi considerado a "jóia da exposição". Reerguido na cidade do Rio de Janeiro na Avenida Central no ano de 1906, estrategicamente disposto em frente da sede do Supremo Tribunal Federal, da Biblioteca Nacional e do Museu de Belas-Artes, e ao lado do Teatro Municipal, o edifício foi inaugurado solenemente com a instalação da Terceira Conferência Pan-Americana. Por muitos anos, o palácio foi sede do Senado Federal e da Câmara dos Deputados. Foi demolido no ano de 1975.

[2] Álvaro Augusto da Costa Carvalho (1862-1932). Formado em Direito pela Faculdade de São Paulo. Em 1891, fez parte da comissão municipal do Partido Republicano Paulista, deputado federal (1894-1896, 1903-1907), foi secretário dos Negócios da Agricultura, Comércio e Obras Públicas (1896-1897) e senador pelo Estado de São Paulo (1918-1924).

[3] Epitácio Lindolfo da Silva Pessoa (1865-1942). Cursou a Faculdade de Direito do Recife. Com a Assembléia Constituinte (1891) foi eleito deputado, sendo reeleito para a legislatura de 1891-1894. Em 1898, foi nomeado por Campos Sales para ocupar o Ministério da Justiça, permanecendo nesse cargo até 1902, quando foi nomeado ministro do Supremo Tribunal Federal (STF). Em 1912, aposentou-se no STF e elegeu-se senador pela Paraíba, mas logo depois partiu para Europa, permanecendo lá até 1914. Em 1919, com o fim da Primeira Guerra Mundial, foi escolhido o presiden-

te da delegação brasileira na Conferência de Paz em Versalhes. Mesmo estando na Europa, concorreu à presidência da República, como candidato da política do café-com-leite, vencendo Rui Barbosa. Seu mandato foi repleto de crises sociais e políticas. Por nomear dois civis para ocuparem os ministérios do Exército e da Marinha, desagradou profundamente os militares. Enfrentou também uma demorada greve em São Paulo e fechou um dos principais órgãos de comunicação da classe operária, o jornal *A Plebe*. Em 1922, reprimiu a Revolta do Forte de Copacabana que deu início ao movimento tenentista.

[4] Rodolfo Nogueira da Rocha Miranda (1862 – 1943). Fazendeiro e industrial. Representou o Estado de São Paulo na Constituinte de 1891, organizou o Ministério da Agricultura, em 1910, no governo de Nilo Peçanha, foi membro do Senado Estadual (1919-1921, 1928-1930).

Dr. Cardoso de Almeida – Em São Paulo

[1] Domingos Rubião Alves Meira (1879-1946). Formado em Medicina pela Faculdade do Rio de Janeiro. Clinicou e dirigiu serviços na Santa Casa de Misericórdia de São Paulo, escreveu contos e crônicas, fundador da Academia Paulista de Letras, ex-reitor da Universidade de São Paulo (1939-1941). Foi candidato independente a deputado federal, em 1921, pelo PRP.

[2] Alfredo Gustavo Pujol (1865-1930). Advogado, jornalista, crítico e político. Destacou-se no foro civil e criminal, foi colaborador do *Diário Mercantil* e *O Estado de S. Paulo*. Em 1892, foi eleito deputado estadual pelo Partido Republicano Paulista. Três anos depois assumiu a Secretaria do Interior, onde se dedicou à causa do ensino. Militou na campanha civilista de Rui Barbosa, destacando-se como conferencista e orador.

[3] Do coração, em latim.

Sr. Washington Luís – Em São Paulo

[1] Heitor Teixeira Penteado (1878-1947). Formado em Direito pela Faculdade de São Paulo, foi promotor e ocupou diversos cargos políticos. Eleito prefeito de Campinas a partir de 1910 e foi reeleito nove vezes consecutivas. Procurou sanear as finanças municipais, implantou o serviço de iluminação e de bondes elétricos, construiu praças e remodelou os serviços de água e esgoto. Nos anos 1920, foi secretário de Agricultura, Viação, Comércio e Obras Públicas, destacando-se na abertura de estradas de rodagem intermunicipais, incentivou a cultura do algodão e remodelou a E.F. Sorocabana.

[2] Raul de Moraes Veiga (1878-1947). Cursou a Escola Politécnica (RJ). Foi deputado federal (1909-1917) e presidente do Estado do Rio de Janeiro (1918-1922).

[3] Alexandre Siciliano (1851-1927). Negociante e capitalista italiano radicado no Brasil ainda nos anos 1860. Teve participação no estabelecimento das diretrizes da política de valorização do café (Convênio de Taubaté), foi diretor do Banco Francês e Italiano e da Companhia Frigorífica Paulista.

Ao senador Alfredo Ellis

[1] Expressão usada para designar a confluência das ruas São Bento, Direita e XV de Novembro. O local foi o centro comercial, social e político de São Paulo até a Segunda Guerra Mundial, reunindo as lojas mais chiques e os cinemas, os melhores hotéis, restaurantes e confeitarias, os bancos e escritórios, além das sedes do Partido Republicano Paulista (PRP) e das redações dos principais jornais, como *O Estado de S. Paulo*, *Diário Popular* e *Correio Paulistano.*

[2] Banca Francese e Italiana per L´America del Sud era uma sociedade anônima com sede em Paris, fundada em 1910, com sucursais em Santos, Rio de Janeiro e Curitiba. Tinha por fim promover e desenvolver as relações comerciais entre a França, a Itália e a América do Sul. A sucursal paulistana estava instalada na Rua XV de Novembro, 31.

[3] Marca de automóvel americano produzido pela Hudson Motorcar Company, instalada originalmente em 1909, na cidade de Detroit.

[4] Francesco Matarazzo (1854-1937). Empresário italiano estabeleceu o maior complexo industrial da América Latina no início do século XX, um dos marcos da modernização no Brasil. Em 1900, a guerra entre a Espanha e os países centro-americanos dificultava a compra do trigo e ele conseguiu crédito do London and Brazilian Bank para construir um moinho na capital. A partir daí, seu império se expandiu rapidamente, chegando a reunir 365 fábricas por todo o Brasil. A renda bruta do conglomerado era a quarta maior do país, e 6% da população paulistana dependia de suas fábricas, que, em 1911, passam a se chamar Indústrias Reunidas Francisco Matarazzo. Em reconhecimento à ajuda que envia à Itália durante a I Guerra Mundial, em 1917 recebeu do rei Vitorio Emmanuele III o título de conde. Em 1928 participou da fundação do Centro das Indústrias de São Paulo.

[5] Para sempre, em inglês.

Cardoso De Almeida – Em São Paulo

[1] Nome do personagem do romance epistolar de Goethe, *Os sofrimentos do jovem Werther* (1774), que narra as infelicidades de um jovem que é apaixonado pelo noiva de outro. Incapaz de resistir à paixão, ele se suicida. O romance teve ampla aceitação e contribuiu para criar a imagem do herói romântico.

[2] Aristides (540 a.C.-468 a.C.). Apesar de vitorioso na Batalha de Maratona (490 a.C.), o general ateniense foi condenado ao ostracismo (perda dos direitos políticos e banimento da pólis) por se opor à política beligerante de Temístocles. Chamado por decreto quando da invasão persa, combateu em Salamina, organizando a liga marítima que iria consagrar a hegemonia ateniense. Foi o responsável pela fixação dos termos financeiros e militares da coligação.

[3] Lucius Quinctius Cincinatus. É apontado como o modelo do romano fiel às tradições camponesas. Foi cônsul (460 a.C.), ditador em 458 contra os equos tendo sido vitorioso.

[4] *Tímon de Atenas* (1607-1608), tragédia de Shakespeare. O rico Tímon querido por sua extrema generosidade desperdiça a fortuna e é abandonado por todos, quando pobre. Inconformado, profere furiosos discursos contra a humanidade.

[5] Ser ou não ser, em inglês. Frase de Hamlet, da peça homônima de Shakespeare.

[6] Um dos cafés mais famosos de Paris instalado no terraço do Grand Hotel localizado no Boulevard des Capucines. Foi projetado pelo arquiteto Charles Garnier que também foi o responsável pela Ópera. Inaugurado por volta de 1870, apresentava uma decoração Segundo Império.

Dr. Washington Luís – Em São Paulo

[1] Artur da Silva Bernardes (1875-1955). Formado em Direito pela Faculdade de São Paulo. Eleito deputado estadual, em 1907, e dois anos depois deputado federal, posteriormente ocupou a Secretaria das Finanças de Minas Gerais. Foi eleito Presidente do Estado de Minas Gerais em 1918, e em 1921 assumiu a presidência da República para o quadriênio 1922-1926, derrotando Nilo Peçanha (apoiado pelo Rio de Janeiro, Rio Grande do Sul, Bahia e Pernambuco). Enfrentou uma grande oposição por parte da chamada "Reação Republicana" e começou o governo com impopularidade entre povo e exército. Durante seu governo eclodiram diversas revoltas, como a do Forte de Copacabana e a Coluna Prestes. Seu governo foi marcado pelo autoritarismo, pois governou 44 meses sob estado de sítio, além de ordenar o fechamento dos sindicatos e dos jornais de esquerda. No âmbito da política externa, rompeu com a Liga das Nações em 1926. Ao fim deste mesmo ano, Arthur Bernardes passou a presidência para Washington Luís.

[2] Truque, ardil, em francês.

[3] Urbano Santos da Costa Araújo (1859-1922). Foi deputado federal pelo Maranhão (1897-1905), eleito por duas vezes Vice-Presidente da República (1914-1918 e 1922-1926), ocupou o Ministério da Justiça e Negócios Interiores (1918-1919).

[4] José Joaquim Seabra (1855-1942). Bacharel em Direito pela Faculdade do Recife, onde lecionou antes de seguir carreira política. Foi senador por Alagoas, ocupou interinamente o cargo de ministro das Relações Exteriores (1902) e da Agricultura (1911). Foi por duas vezes governador da Bahia (1912-1916 e 1920-1924) e ministro da Justiça e Negócios Interiores (1902-1906).

[5] Nilo Procópio Peçanha (1867-1924). Formado em Direito pela Faculdade de São Paulo. Abolicionista e republicano, sua carreira política se iniciou como deputado na Constituinte de 1890 a 1891, seguindo com a eleição para senador e presidente do Rio de Janeiro em 1903 e para vice-presidente da República em 1906. Assumiu o poder após a morte de Afonso Pena e governou o Brasil de junho de 1909 a novembro de 1910. O clima de disputa entre os hermistas e civilistas era acirrado, e Nilo Peçanha tentou se manter em uma posição de neutralidade em relação à questão. A conseqüência não foi a esperada, tendo as duas partes desconsiderado sua atitude passando a lhe fazer forte oposição. Nilo Peçanha, ao terminar o mandato após dezessete meses de trabalho, havia seguido o programa econômico de Afonso Pena, tendo se destacado pela reforma do Ministério da Agricultura que incentivava a policultura e pela dedicação às questões sociais, criando o Serviço de Proteção aos Índios, além da Escola de Aprendizes Artífices e da Locação de Trabalhadores Nacionais. Em 1914 foi eleito novamente para a presidência do estado do Rio de Janeiro, tendo renunciado três anos depois para ocupar o Ministério das Relações Exteriores do governo Venceslau Braz, quando foi declarada a guerra contra o Império Alemão. Em 1918 foi eleito senador, cargo que ocupava quando concorreu nas eleições de 1922 para a presidência da República, contando com o apoio do movimento Reação Republicana. Perdeu para Arthur Bernardes.

[6] Nicolau Maquiavel (1469-1527). Filósofo, político e escritor, é considerado também o fundador do pensamento político moderno. Em *O Príncipe* (1512), uma espécie de manual sobre a arte de governar, Maquiavel expõe um sistema político, caracterizado pelo princípio amoralista de que os fins justificam os meios. Maquiavel gerou alguns neologismos que têm como significado figurado "perfídia", "má-fé"; "astuto", "velhaco", "ardiloso".

[7] Antonio Augusto Borges de Medeiros (1864-1961). Formado em Direito pela Faculdade do Recife. Ingressa no Partido Republicano gaúcho, liderado por Júlio de Castilhos. Foi promotor público e deputado federal (1890). Com a dissolução do Congresso Nacional, passa à oposição ao governo federal. Governou o Rio Grandedo Sul no período de 1898-1908. Com a morte de Júlio de Castilhos passou à condição de líder do Partido Republicano local. Voltou ao governo entre 1913-1915 e 1916-1922. Esta última reeleição desencadeou luta armada com a oposição, liderada por Assis Brasil. Apoiou a Revolução de 1930 e a de 1932.

[8] João Pandiá Calógeras (1870-1934). Formado em engenharia pela Escola de Minas de Ouro Preto. Elegeu-se deputado federal pelo Partido Republicano Mineiro no período 1897-1899, sendo sucessivamente reeleito em 1906, 1909 e 1912. Defendeu a valorização do café, a caixa de conversão, a reforma tributária, a política de transportes, a consolidação das fronteiras, a generalização de instrução pública de nível primário e a mineração. Enquanto ministro da Agricultura (1914-1915) fixou as bases do crédito agrícola e aplicou a lei de sua autoria na regulamentação da propriedade das minas. Posteriormente designado ministro da Fazenda (1915-1917) regularizou a dívida flutuante, reorganizou a Casa da Moeda e assumiu a responsabilidade integral pelo empréstimo (*funding-loan*), promovendo um acordo com os credores estrangeiros que impediu seu controle sobre as alfândegas brasileiras. No período 1919-1922 foi nomeado ministro da Guerra e promoveu a modernização, expansão e aperfeiçoamento em todos os setores, contando para isso, a partir de 1920, com a assessoria da missão militar francesa chefiada pelo general Maurice Gustave Gamelin. No final de sua gestão, enfrentou o episódio dos 18 do Forte, inaugurando o ciclo de movimentos tenentistas que marcou a década. José Pires do Rio (1880-1950). Engenheiro civil formado pela Escola de Minas, Ouro Preto. Ocupou o cargo de ministro de Viação e Obras Públicas (1919-1922), elegeu-se deputado federal por São Paulo e pouco depois foi convidado por Carlos de Campos, presidente do Estado, a assumir a prefeitura de São Paulo (1926-1930). Iniciou as obras de retificação do rio Tietê e encomendou a Prestes Maia um plano de avenidas para a cidade e também introduziu o emprego do ônibus no transporte coletivo, rompendo o monopólio dos bondes da Light. No texto, o nome está grafado Pilares do Rio.

Bibliografia

ABREU, Alzira Alves et alli (coord.). *Dicionário histórico biográfico brasileiro*. 2. ed. Rio de Janeiro: Ed. FGV, 2001, 5 vols.

Almanak da Antártica. São Paulo: Typ. D. Amiucci, 1905.

Almanach para 1916. São Paulo: O Estado de S. Paulo, 1916.

ALVES, Odair Rodrigues. *Os homens que governaram São Paulo*. São Paulo: Nobel/Edusp, 1986.

ALVIM, Zuleika M.F. *Brava gente! Os italianos em São Paulo 1870-1920*. São Paulo: Brasiliense, 1986.

AMARAL, Antonio Barreto do. *Dicionário de história de São Paulo*. São Paulo: Governo do Estado, 1980.

AMERICANO, Jorge. *São Paulo naquele tempo (1895–1915)*. São Paulo: Saraiva, 1957.

_____. *São Paulo nesse tempo, 1915-1935*. São Paulo: Melhoramentos, s/d.

ANDRADE, Euclides. *A Força Pública de São Paulo, esboço histórico (1831-1931)*. S/l: s/e., s/d.

ANTELO, Raúl. *João do Rio — O dândi e a especulação*. Rio de Janeiro: Taurus, 1989.

ARAÚJO, Emanuel (curadoria). *O álbum de Afonso, a reforma de São Paulo*. São Paulo: Pinacoteca do Estado, 2001.

A Polícia de São Paulo. São Paulo: Oficina Incione, s/d.

BERGER, Paulo. *O Rio de ontem no cartão-postal, 1900-1930*. 2. ed. Rio de Janeiro: RioArte, 1986.

BITTENCOURT, Circe Maria F. *Pátria, civilização e trabalho*. São Paulo: Loyola, 1990.

BROCA, Brito. *A vida literária no Brasil – 1900*. 3. ed. Rio de Janeiro: José Olympio, 1975.

_____. *Naturalistas, parnasianos e decadistas. Vida literária do Realismo ao Pré-Modernismo* (org. Luiz Dantas). Campinas: Ed. Unicamp, 1991.

BRUNO, Ernani Silva. *História e tradições da cidade de São Paulo*. v.III (Metrópole do café, 1872-1918; São Paulo de agora, 1918-1953). Rio de Janeiro: José Olympio, 1954.

CALIMAN, Auro Augusto (coord.). *Legislativo paulista. Parlamentares 1835-1998*. São Paulo: Imprensa Oficial, 1998.

CAMARGOS, Marcia. *Villa Kyrial*. São Paulo: Senac, 2001.

CAMPOS, Candido Malta. *Os rumos da cidade. Urbanismo e modernização em São Paulo*. São Paulo: Senac, 2002.

CANDIDO, Antonio. "Radicais de ocasião", in *Teresina etc*. Rio de Janeiro: Paz e Terra, 1980.

CARONE, Edgard. *A República Velha. Instituições e classes sociais (1889-1930)*. Rio de Janeiro: Difel, 1979.

CARVALHO, Maria Cristina Wolff de. *Ramos de Azevedo*. São Paulo: Edusp, 2001.

CASALECCHI, José Ênio. *O Partido Republicano Paulista (1889-1926)*. São Paulo: Brasiliense, 1987.

Cidade. Revista de Departamento do Patrimônio Histórico Municipal de Cultura de São Paulo, janeiro 1998, ano V, nº 5 (*Signos de um novo tempo: A São Paulo de Ramos de Azevedo*).

COUTINHO, Afrânio e SOUSA, José Galante de (dir.). *Enciclopédia de Literatura Brasileira*. Brasília: FAE, 1995.

DALLARI, Dalmo de Abreu. *O pequeno exército paulista*. São Paulo: Perspectiva, 1977.

DEMOUGIN, Jacques (dir.). *Dictionnaire de la littérature française et francophone*. Paris: Librairie Larousse, 1987.

Encyclopaedia Britannica. Chicago: Encyclopaedia Britannica, 1967.

Enciclopédia Mirador Internacional. São Paulo/Rio de Janeiro: Encyclopaedia Britannica do Brasil, 1975.

FERRAZ, Vera Maria de Barros (org.). *Imagens de São Paulo no acervo da Light 1899-1925*. São Paulo: Fundação Patrimônio Histórico da Energia de São Paulo, s/d.

FREIRE, Laudelino. *Grande e novíssimo dicionário da língua portuguesa*. 2. ed. Rio de Janeiro: José Olympio, 1954.

FONSECA, Antonio Carlos e FONTES Jr., Abílio. *Senado de São Paulo*. S/l., s/e, s/d.

GOMES, Angela de Castro. *Essa gente do Rio*. Rio de Janeiro: Ed. FGV, 1999.

GOMES, Renato Cordeiro. *João do Rio. Vielas do vício, ruas da graça*. Rio de Janeiro: Relume Dumará, 1996.

GUASTINI, Mário. *Na caravana da vida*. São Paulo: Ponguetti, 1939.

_____. *Tempos idos e vividos*. São Paulo: Universitária, s/d.

HARVEY, Paul. *The Oxford Companion to English Literature*. 4. ed. Oxford: Oxford University Press, 1969.

Impressões do Brasil no século XX. Sua história, seo povo, commercio, industrias e recursos. Londres: Lloyd's Greater Britain Publishing Co., 1913.

LOVE, Joseph L. *São Paulo na Federação Brasileira 1889-1937 – A Locomotiva*. Rio de Janeiro: Paz e Terra, 1982.

LEVIN, Orna Messer. *As figurações do dândi*. Campinas: Ed. Unicamp, 1996.

LIBERATORE, Caetano B. *Memórias, Jockey Clube de São Paulo*. São Paulo: Jockey Club, 1994.

LIMA, Herman. *História da caricatura no Brasil*. Rio de Janeiro: José Olympio, 1963.

LUSTOSA, Isabel. *Histórias de presidentes*. Petrópolis: Vozes/ Fundação Casa de Rui Barbosa, 1989.

MAGALHÃES Jr., Raimundo. *A vida vertiginosa de João do Rio*. Rio de Janeiro/Brasília: Civilização Brasileira/INL, 1978.

MARCONDES, Marcos Antônio (org.). *Enciclopédia da música brasileira: erudita, folclórica, popular* 2. ed., rev. ampl. São Paulo: Art Editora, 1998.

MARCONI, Guglielmo (pres.). *Enciclopedia Italiana*. Milano: Rizzoli, 1934.

MARTINS, Ana Luiza e BARBUY, Heloisa. *Arcadas. História da Faculdade de Direito do Largo de São Francisco, 1827-1997*. São Paulo: Alternativa, 1998.

MELO, Luis Correia de. *Dicionário de autores paulistas*. São Paulo: Comissão do IV Centenário, 1954.

MENEZES, Raimundo de. *Dicionário literário Brasileiro*. 2. ed. Rio de Janeiro: LTC, 1978.

MICELI, Sérgio. *Intelectuais à brasileira*. São Paulo: Companhia das Letras, 2001.

MORAES, José Geraldo Vinci de. *Sonoridades paulistanas*. Rio de Janeiro: Bienal, 1997.

MOREIRA, Sílvia. *São Paulo na Primeira República*. São Paulo: Brasiliense, 1988.

Nosso Século v.2 (1910-1930). São Paulo: Abril Cultural, 1980.

PADILHA, Márcia. *A cidade como espetáculo*. São Paulo: Annablume/Fapesp, 2001.

REIS FILHO, Nestor Goulart. *Campos Elísios. A casa e o bairro*. São Paulo: Governo do Estado, s/d.

REY-BEBOVE, Josette e REY, Alain (dir.) *Le nouveau Petit Robert*. Dictionnaire alphabétique et analogique de la langue française. Paris: Dic. Le Robert, 1993.

RIBEIRO, Alexandre Dórea (coord.). *Teatro Municipal de São Paulo – grandes momentos*. 2. ed. São Paulo: DBA, 2002.

RIO, João do. *Cinematographo*. Porto: Chardron, 1909.

_____. *Sésamo*. Rio de Janeiro: Francisco Alves, 1917.

_____. *Chronicas e frases de Godofredo de Alencar*. Rio de Janeiro: Villas-Boas, 1919.

_____. *A profissão de Jacques Pedreira*. 2. ed. São Paulo: Scipione/Inst. Moreira Salles, 1992.

RODRIGUES, João Carlos. *João do Rio: uma biografia*. Rio de Janeiro: Topbooks, 1996.

_____. *João do Rio. Catálogo bibliográfico*. Rio de Janeiro: Secretaria Municipal de Cultura, 1994.

SEGAWA, Hugo. *Prelúdio da metrópole. Arquitetura e urbanismo em São Paulo na passagem do século XIX ao XX*. São Paulo: Ateliê, 2000.

SEVCENKO, Nicolau. *Literatura como missão*. São Paulo: Brasiliense, 1982.

_____. *Orfeu extático na Metrópole*. São Paulo: Companhia das Letras, 1992.

_____. (org.). *História da vida privada no Brasil*. v. 3. São Paulo: Companhia das Letras, 1998.

SODRÉ, Nelson Werneck. *História da imprensa no Brasil*. Rio de Janeiro: Civilização Brasileira, 1966.

SOUZA, Rosa Fátima de Souza. *Templos de civilização: A implantação da Escola Primária Graduada no Estado de São Paulo (1890-1910)*. São Paulo: Ed. Unesp, 1998.

Crédito dos textos

"Coluna Cinematographo". *Gazeta de Notícias* (RJ); 16/02/1908, p. 1.

"Coluna Cinematographo". *Gazeta de Notícias* (RJ); 04/10/1908; p. 1.

"Coluna Cinematographo". *Gazeta de Notícias* (RJ); 30/10/1910; p. 5.

"Como imagino o Municipal amanhã". *Gazeta de Notícias* (RJ); 11/09/1911; p. 1.

"Em São Paulo". *Gazeta de Notícias* (RJ); 14/09/1911; p. 1.

"Em trem de luxo...". *Gazeta de Notícias* (RJ); 17/09/1911; p. 5.

"Impressões de São Paulo/A Força Pública". *Gazeta de Notícias* (RJ); 18/09/1911; p. 1.

"O serviço florestal de São Paulo". *Gazeta de Notícias* (RJ); 10/10/1911; p.1 e 2.

"Oração à mocidade". *Sésamo*. Rio de Janeiro, Francisco Alves, 1917.

"Hora da arte". *O Paiz* (RJ); 03/10/1915; p. 2.

"No Automóvel *Club*". *O Paiz* (RJ); 11/11/1915; p. 2.

"Música e danças brasileiras". *Correio Paulistano* (SP); 14/11/1915; p. 3.

"Um gesto para a história". *O Paiz* (RJ); 20/11/1915; p. 1.

"Impressões de São Paulo/ O que eu vi. O que é". *O Commércio de São Paulo* (SP); 26/11/1915; p. 2.

"Um programa". *O Paiz* (RJ); 08/01/1916; p. 1.

"Os voluntários de manobras". *O Paiz* (RJ); 07/09/1916; p. 1.

"O exemplo". *O Paiz* (RJ); 09/09/1916; p. 1.

"Freitas Valle, o Magnífico". *O Paiz* (RJ); 06/10/1916; p. 1.

"O exemplo de São Paulo/ A propósito da exposição do sr. Cardoso de Almeida". *O Paiz* (RJ); 30/10/1916; p. 1-2.

"São Paulo, estação de verão". *O Paiz* (RJ); 02/01/1917; p. 2.

"Altino Arantes – Em São Paulo". *A Pátria*, coluna Bilhete (RJ); 28/01/1921; p. 2.

"Dr. Cardoso de Almeida – Em São Paulo". *A Pátria* (RJ); 14/03/1921; p. 2.

"Sr. Washington Luís – Em São Paulo". *A Pátria* (RJ); 21/03/1921; p. 2.

"Ao senador Alfredo Ellis". *A Pátria* (RJ); 23/03/1921; p. 2.

"Cardoso de Almeida – Em São Paulo". *A Pátria* (RJ); 28/03/1921; p. 2.

"Dr. Washington Luís – Em São Paulo". *A Pátria* (RJ); 20/06/1921; p. 2.

Crédito das imagens

p. 1 – *Nosso Século* v. 2 (1910-1930). São Paulo: Abril Cultural, 1980, p. 185.

p. 11 – *Nosso Século* v. 2 (1910-1930). São Paulo: Abril Cultural, 1980, p. 126.

p. 19 – *O Malho* nº 436. Rio de Janeiro (1911), s/p.

p. 24-25 – BERGER, Paulo. *O Rio de ontem no cartão-postal, 1900-1930*. 2. ed. Rio de Janeiro: RioArte, 1986, p. 89.

p. 29 – Acervo do Arquivo Público do Estado de São Paulo.

p. 34 – RIBEIRO, Alexandre Dórea (coord.). *Teatro Municipal de São Paulo. Grandes momentos*. 2. ed. São Paulo: DBA, 2002, p.16.

p. 40-41 – Acervo do Arquivo Público do Estado de São Paulo.

p. 47 – *Almanak da Antártica*. São Paulo: Typ. D. Amiucci, 1905, p. 45.

p. 56-57 – Acervo do Museu da Polícia Militar do Estado de São Paulo.

p. 64-65 – Acervo do Arquivo Público do Estado de São Paulo.

p. 73 – *Largo São Francisco*. 2. ed. São Paulo: Instituto Cultural Itaú, 1994, p. 12.

p. 81 – BOAVENTURA, Maria Eugenia. *O salão e a selva. Uma biografia ilustrada de Oswald de Andrade*. São Paulo/Campinas: Ex Libris/ Ed.Unicamp, 1995, p. 40.

p. 85 – Acervo do Arquivo Público do Estado de São Paulo.

p. 91 – RODRIGUES, João Carlos. *João do Rio: uma biografia*. Rio de Janeiro: Topbooks, 1996, s/p.

p. 99 – GORDINHO, Margarida Cintra. *Sociedade Hípica Paulista: 75 anos*. São Paulo: Marca d'Água, 1987, p. 22.

p. 107 – Acervo do Arquivo Público do Estado de São Paulo.

p. 113 – Fundo Altino Arantes, Arquivo Público do Estado de São Paulo.

p. 121 – ANDRADE, Euclides. *A Força Pública de São Paulo. Esboço histórico (1831-1931).* s/l: s/e., s/d., p. 6.

p. 127 – CARVALHO, Maria Cristina Wolff de. *Ramos de Azevedo.* São Paulo: Edusp, 2001, p. 185.

p. 135 – Arquivo Freitas Valle/cortesia Marcia Camargos/ Companhia da Memória.

pp. 142-143 – FERRAZ, Vera Maria de Barros (org.). *Imagens de São Paulo no acervo da Light 1899-1925.* São Paulo: Fundação Patrimônio Histórico da Energia de São Paulo, s/d., p. 4.

p. 151 – ARAÚJO, Emanuel (curadoria). *O álbum de Afonso: A reforma de São Paulo.* São Paulo: Pinacoteca do Estado, 2001, p. 126.

p. 155 – Fundo Altino Arantes, Arquivo Público do Estado de São Paulo.

p. 159 – *Impressões do Brasil no século XX. Sua história seo povo, commercio, industrias e recursos.* Londres: Lloyd's Greater Britain Publishing Co., 1913, p. 664.

p. 163 – RIO, João do. *As religiões no Rio.* Paris: Garnier, 1904, s/p.

p. 167 – REIS FILHO, Nestor Goulart. Campos Elíseos. *A casa e o bairro.* São Paulo: Secret. Ciência e Tecologia, s/d., p. 11.

p. 172-173 – Acervo Arquivo Público do Estado de São Paulo.

p. 177 – NALINI, José Renato. *Palácio da Justiça, São Paulo.* São Paulo, Assessoria de Comunicação e Marketing/ Eletropaulo, 1989, p. 58.

p. 181 – *A Polícia de São Paulo.* São Paulo: Oficina Incione, s/d., s/p.